일본회의의 정체

일본회의의 정체

아베 신조의 군국주의의 꿈
그 중심에 일본회의가 있다!

아오키 오사무 지음 | 이민연 옮김

율리시즈

프롤로그/

당연한 이야기지만, 우리는 자기 얼굴을 제 눈으로 직접 볼 수 없다. 가장 손쉽게 자기 얼굴을 보는 방법은 거울에 비춰 간접적으로 보는 것이다. 하지만 거울이 얼룩졌거나 비틀렸다면, 거울에 비친 얼굴 역시 흐릿하거나 비틀려서 제 얼굴을 있는 그대로 볼 수가 없다.

미디어도 이와 비슷한 면이 있다. 자기 발밑에서 일어나는 사건이라도 미디어가 전달하려 하지 않는다면, 우리는 인지할 수 없다. 사건이 경악할 만하거나 매우 비정상적이거나 시급한 대책이 필요할 만큼 심각한데도 미디어가 정확히 전달하지 않는다면, 우리는 판단과 대책의 전 단계가 되는, 사건 자체의 발생조차 인지하지 못한 채 어영부영 시간이 해결해주기만 기다릴 수밖에 없다. 설령 미디어가 전달했다 하더라도 전체 상황을 정확하고 올바르게 전하지 못하면, 역시 같은 함정에 빠질 위험성이 높다.

다시 말해 사회의 거울이어야 할 미디어가 얼룩졌거나 비틀렸다면, 우리는 제 얼굴도 정확히 못 보게 되어 적절한 대책과 냉정한 사고를 위한 첫 번째 소재조차 손에 넣지 못한다.

미디어가 이런 상황에 빠지는 데는 여러 이유가 있다. 전달해야 할 사건과 관련된 금기의식, 강력한 권력 앞에서 느끼는 위축이나 자숙, 그리고 언제부터인가 미디어 내부에 고착된 인습 등이 그 이유들이다.

이때 외부에서 깨끗한 거울을 들이밀면, 미디어의 얼룩지고 비틀린 모습이 그대로 비쳐서 그제야 퍼뜩 깨닫는다. 물론 외부의 깨끗한 거울, 즉 외국 언론은 지식 부족이나 편견으로 인해 또 다른 비틀린 모습을 비출 때도 있지만, 반대로 깨끗한 만큼 기묘한 얼룩이나 편향이 적어서 때로는 그편이 진실한 모습을 선명하게 비추는 기회가 된다.

비슷한 사례는 지금까지 여러 번 반복하여 있었다.

가장 유명한 것은 전 일본 총리 다나카 가쿠에^{田中角榮}의 금맥 문제일 것이다.

1974년《문예춘추^{文藝春秋}》11월호에 실린〈다나카 가쿠에 연구: 그 금맥과 인맥〉이라는 제목의 보고서는 훗날 전 총리가 체포되는 록히드 사건의 발단이 되는데, 애초 신문과 텔레비전은 이를 전혀 문제 삼지 않으면서 관련 보도를 거의 내보내지 않았다. 다나카 전 총리를 지근거리에서 취재하던 정치부 기자들은 '새로운 사건이 아니다', '모두 아는 사실'이라며 비아냥거렸다는 이야기가 항간에 전해진다.

그런데 얼마 지나지 않아 다나카가 일본외국특파원협회에서 경제정책 회견을 했는데, 그 자리에 참석한 외국 언론 기자들은 그날의 회견주제인 경제정책에는 별 관심을 두지 않고 금맥 문제만 집중적으로 질문하더니 회견내용을 보도했다. 그제야 일본 거대 일간지들도 앞다투어 사건을 크게 보도하면서 이른바 다나카 실각 등으로 이어지는 정국에 불을 붙이게 되었다.

다나카를 둘러싼 '금권 문제'는 세월이 흐르면서 그에 대한 평가가 변했고, 지금에 이르러서는 단순히 단죄해야 했는가 하는 의문도 있다. 다만, 눈앞에서 벌어진 사건에 언론이 지나칠 정도로 둔하게 반응한 것은 사실이므로 외국 언론에 자극받은 후에야 비로소 움직였다는 사실 역시 지울 수 없다.

이와 비슷한 일은 1989년에도 일어났다.

그해 《선데이 마이니치サンデー毎日》는 6월 18일호 지면에 당시 장관이던 우노 소스케宇野宗佑의 여성 스캔들을 폭로했다. 가구라자카神楽坂의 기생을 월 30만 엔에 애인으로 두었다는 사실이 여성 본인의 고발로 드러난 기사였는데, 신문이나 텔레비전은 이 기사를 묵살했다. 당시 정치가가 애인을 두는 일은 드물지 않은데, 정치가의 '하반신 문제'는 다루지 않는다는 신문과 텔레비전의 불문율이 배후에서 작용했다고도 한다.

그런데 미국 신문 등이 《선데이 마이니치》의 기사를 인용하여 보도하자, 일본의 각 신문사는 외신을 '역수입'하는 형태로 기사를 게재하기 시작했다. 이를 계기로 국회 등에서도 장관의 행실을 추궁하는 불길이 순식간에 번져, 우노는 취임한 지 불과 69일 만에 퇴진이라는 막다른 길로 몰렸다.

지금도 공인의 '하반신 문제'를 어디까지 추궁해야 할지는 여전히 논의의 여지로 남는다. 다만, 애초 일본 언론에서는 무시하던 사건을 외신이 보도하자 그제야 당황하여 추종 보도했다는 점은 그동안 엄청난 금기처럼 여겨온 불문율이 실제로는 그리 대단치 않은 단순한 인습에 지나지 않음을 드러냈다고도 할 수 있다.

1993년에는 황태자의 결혼내정 보도를 둘러싸고 비정상적인 사태가 발생했다.

일본 내의 신문, 텔레비전 등은 그즈음 일종의 보도협정을 체결하여 황태자의 결혼 상대에 관해서는 일절 보도하지 않기로 했다. 그런데 그해 1월 6일, 미국 일간지《워싱턴 포스트》가 황태자비에 마사코 비雅子妃가 내정되었다는 기사를 최종판에 게재하자, 일본 언론은 크게 당황하여 협정을 해제하고 관련 보도를 한꺼번에 쏟아내기 시작했다. 일본 언론계는 과열 취재로 황태자비 간택에 장애가 될 것을 염려하여 보도협정을 맺었다지만, 유괴사건처럼 생명과 관련 있는 사건이라면 모를까, 이런 이유로 언론의 손발을 묶는 협정을 은밀히 체결하고 일체의 보도를 억제하는 것 역시 비정상적인 일이다. 결국 이 또한 외국 언론의 힘으로 타파되었다.

사실 자체가 보도되지 않는 것도 문제지만, 요즈음 언론의 시각은 아무래도 특정 인물이나 사상의 평가에 관대하거나 지나치게 배려하는 경향이 있는 듯하다. 예를 들어 '삼국인三国人'(제삼국의 국민이라는 뜻으로, 특히 미국 점령 아래 일본에 재류하던 조선인, 중국인을 가리킨다―옮긴이) 발언 등 인종차별적 발언을 일삼는 전 도쿄도지사인 이시하라 신타로石原慎太郎를 외국 언론은 자주 '극우'로 평가하는데, 상당히 적절한 평가라고 나 역시 개인적으로 생각한다. 하지만 일본의 거대 언론이 이시하라를 이 정도로까지 직접 평가하는 일은 없다. 이것 또한 외부의 거울이야말로 가차 없이 또는 노골적으로 그러나 실상을 매우 정확히 파악하고 있음을 보여주는 좋은 예일지 모른다.

외국 언론은 어떻게 보도해왔나?

그렇다면 이 책의 주제 '일본회의'의 사례는 과연 어떨까? 이 역시 외부의 거울, 즉 외국 언론에 의해 그 중대성을 깨닫는 사례가 되지는 않을까?

외형적으로는 그와 꽤 유사하고 가까운 경과를 더듬어가고 있다. 외국 언론은 일본 언론이 거의 보도하지 않던 단계에서부터 일본회의에 관한 아주 상세한 분석기사를 도쿄발로 여러 차례 타전했다. 외국 언론의 인터넷판을 대충 검색해보기만 해도 관련 기사를 얼마든지 찾을 수 있다. 몇 가지만 발췌해서 살펴보기로 하자.

▶ 영국 《이코노미스트 The Economist》

– 2015년 6월 6일, 도쿄발

그 이름도 특별할 것 없는 '일본회의'는 일본의 가장 강력한 로비 단체의 하나로, 국수주의적이고 역사 수정주의적인 목표를 내세운다. 서양 식민주의로부터 동아시아를 '해방'시킨 일본을 찬양하며, 재군비를 통해 좌익교사에게 세뇌당한 학생들에게 애국심을 불어넣고, 전쟁 전의 좋았던 옛 시대처럼 천황을 숭배한다. '일본회의' 지지자들은 전후 미국 점령이 민주주의를 가져왔다고 인정하지 않으며, 점령과 그 시기에 태어난 자유로운 헌법이 일본을 약화시켰다고 주장한다.

이 단체는 정권의 핵심에서 영향력을 더욱 키워가는 중이지만, 기묘하게도 일본 언론의 주목을 거의 받지 않는다.

▶ 영국 《가디언The Guardian》

- 2014년 10월 13일, 도쿄발, 저스틴 맥커리(도쿄 특파원)

아베 총리 내각의 개각으로 일본이 급속히 우경화한다는 우려를 낳고 있다. 아베 개조 내각의 각료 19명 중 15명이 속한 일본회의는 애국주의적인 교육을 추진하는 단체로, 전쟁 때 일본이 아시아에서 실시한 군사행동에 관한 '자학사관'의 폐기를 목표로 1997년에 만들어졌다.

▶ 미국 CNN TV

- 2015년 2월 27일, 도쿄발, 템플 대학 재팬캠퍼스 기고 리포트

아베 정권에서 자국 우월주의적인 내셔널리즘이 재연하고 있다. 극단적인 우파가 용기를 얻어 자유로운 언론을 공격하고, 저널리스트와 연구자를 위협하며, 나아가 재일한국인을 표적으로 하는 증오심 넘치는 주장을 펼친다.

아베 총리의 핵심지지층은 해내지 못한 일을 해내려는 열망이 가득하다. 또한 일본회의, 즉 일본판 티파티^{Tea Party}(미국의 조세 저항 운동. 특정 정당은 없지만, 정치적으로는 보수성향을 띠어 '극우 반정부운동'을 뜻하기도 한다 — 옮긴이) 같은 반동적 그룹이 아베 내각을 자지 우지 하면서 역사관을 공유한다.

▶ 오스트레일리아 ABC TV(오스트레일리아 방송협회)

– 2015년 12월 3일, 매튜 커니(북아시아 특파원)

일본에서 가장 큰 영향력을 행사한다고 여겨지는 이 정치조직의 정체는 거의 알려진 바가 없다.

일본회의는 일본의 정치판을 새롭게 조직하려는 극우 로비 단체 다. 아베 신조 총리 이하 각료의 80퍼센트 그리고 국회의원의 반수 가 이 단체에 이름을 올린 궁극의 로비 단체로, 겉으로는 거의 드 러나지 않게 활동하며 3만 8,000여 회원의 지지를 받아 국책에 관 여한다. 일본회의는 초국가주의적이고 역사 수정주의적인 일련의 목표, 즉 천황 권위의 복권, 여성의 가정에의 종속, 그리고 재군비 를 내세운다.

▶ 프랑스《르몽드Le Monde》

– 2015년 6월 26일, 필립 메스메르(도쿄 특파원)

일본회의는 아베 씨도 소속된, 1930년대 일본 제국주의를 옹호하
는 강력한 초국가주의 단체다.

　이만하면 충분할 것이다. 여기에 인용한 것은 서양 언론뿐이지
만, 아시아 각국 언론을 포함하여 제2차 아베 개조 내각이 발족한
2014년 9월경부터 외부의 거울, 즉 외국 언론은 일본회의와 아베
정권의 밀접한 관계와 그 위험성을 활발히 전해왔다. 그 내용을 다
시 정리하면 다음과 같다.
　일본회의는 '일본의 정치판을 새롭게 조직하려는 극우 로비 단
체'(오스트레일리아 ABC)이고, '강력한 초국가주의 단체'(프랑스《르몽
드》)이며, '아베 내각을 좌지우지'(미국 CNN)하고 있음에도, '일본 언
론의 주목을 거의 받지 않는다.'(영국《이코노미스트》)

일본 언론의 추종

실제로 일본 언론의 보도상은 어떠했는가?

2014년 1월부터 12월까지 일본의 언론보도 중 3대 전국지, 즉 《아사히》《마이니치》《요미우리》의 기사 데이터베이스가 축적된 'G-search'로 검색해보면, 일본회의와 아베 정권에 관해 조금이나마 다루었다고 할 만한 기사는 단 두 개뿐이다. 그중 하나는《아사히》의 8월 1일 자 조간 기사였는데, 개헌을 호소하는 일본회의가 제창하여 전국 각지 현 의회 등에서 개헌을 향한 의견서와 청원 가결이 잇따른다는 내용이었다.

2015년에 들어서도 상황은 거의 달라지지 않아 마찬가지로 1월부터 12월까지 3대 일간지 기사를 검색해보면, 헌법기념일에 일본회의 등이 개최한 집회 기사 등은 어느 정도 있지만, 일본회의 자체의 실태를 파고든 기사는 전무에 가깝다. 영국《이코노미스트》가 '일본 언론의 주목을 거의 받지 않는다'라고 보도한 것은 절대 과장이라고 할 수 없다.

그렇다면 일본회의는 그리 주목할 만한 가치가 없는 존재인가? 아니, 그럴 리 없다. 사실 앞서 언급한 3대 일간지 중《아사히》는 2016년 3월 '일본회의 연구'라는 제목으로 대형 연재를 시작하여,

이후 '개헌을 향해, 아베 정권과 밀월', '국민투표를 향해, 찬성확대 운동', '가족존중, 법률제정을 주장'이라는 제목으로 조직의 실태나 정권과의 관계를 파헤치는 기사를 내기 시작했다. 늦기는 했지만, 일본회의라는 존재의 내실을 정확히 보도할 필요성을 느꼈다고 할 것이다.

이런 점에서 앞서 언급한 과거 예처럼 일본회의의 존재도 외국 언론이 먼저 인지하고, 일본 언론은 그를 추종하는 형태였다고 할 수 있다. 외국 언론의 시선이 항상 실태를 정확히 파악한다고 할 수는 없다. 거듭 말하지만, 지식 부족이나 편견으로 사태를 왜곡하여 판단하는 때도 종종 있다.

그러면, 일본회의는 어떤 존재인가? 과연 '일본의 가장 강력한 로비 단체'인가? '극우'이며, '초국가주의 단체'인가? 그리고 '아베 정권의 핵심에서 더욱 영향력을 키워' '내각을 좌지우지'하는 조직인가?

취재를 통해 일본회의라는 조직의 실상과 진위를 파헤치고, 현대 일본에서 그 존재의 의미와 향후를 통찰하는 것이야말로 이 책이 목표하는 지점이다.

1장

일본회의의 현재

우파인사가 총결집한 국민회의

　　일본회의는 1997년 5월 30일, 유력한 우파단체로 알려진 두 조직, '일본을 지키는 국민회의'와 '일본을 지키는 모임'이 통합하면서 새롭게 결성되었다.

　뒷장에서 다시 다루겠지만, 먼저 전자인 '일본을 지키는 국민회의'에 관해 살펴보자. 이 단체는 1981년 10월에 탄생했는데, 이른바 '원호법제화 운동元号法制化運動(일본의 공식연호를 기록방법으로 법제화하려는 운동―옮긴이)' 등을 추진한 단체를 발전시키고 개편한 것이었다.

　'국민회의' 운영에 깊이 관여했으며, 과거 자민당을 대표하는 우파로 이름을 날린 전 참의원 무라카미 마사쿠니村上正邦(노동성 장관, 자민당 참의원 회장 등을 역임)를 방문하여 이 단체의 경위에 관해 물었다. 그는 지난날을 솔직하게 이야기해주었다. 선배 저널리스트인

우오즈미 아키라魚住昭가 쓴 무라카미와의 대담집 《증언 무라카미 마사쿠니: 나, 국가에 배신당하더라도証言 村上正邦 我、國に裏切られようとも》(2007년, 고단샤 간행)의 내용에 따라 다음과 같이 무라카미의 증언을 소개한다.

"천황 재위 50년(1975년)의 봉축행사, 그리고 그 뒤 이어진 원호 법제화 운동이 성공하자(원호법 제정은 1979년) 애써 결집한 조직을 해산시키는 게 안타깝다는 의견이 나오기 시작했어요. 그래서 새로운 주제를 추진하는 국민회의를 결성하게 되었고, 재계와 정계, 학계, 종교계 등의 대표가 중심이 되어 약 800명 정도가 모여 '일본을 지키는 국민회의'를 결성한 것입니다."

발족 당시 의장에는 외교관으로 유엔 대사 등을 지낸 가세 도시카즈加瀬俊一가 뽑혔고, 우파논객으로 유명한 작곡가 마유즈미 도시로黛敏郎가 운영위원장 자격으로 단체 전체를 관리하는 모양새였다. 사무 쪽을 총괄하는 사무총장은 메이지 신궁明治神宮의 부대표인 소에지마 히로유키副島廣之가 맡았다. 얼마 후 마유즈미 도시로가 의장직을 이어받으면서 단체는 한때 일본 우파운동의 중추로서 다양한 활동을 펼쳤다. 대표적인 활동 중 하나가 고등학교 일본사 교과서인 《신편 일본사新編 日本史》를 편찬한 일일 것이다. 교과서 편찬작업은 1986년 국민회의가 주도했는데, 복고조의 역사관으로 큰 파문을 일으켰다.

참고로 '국민회의' 활동에 임원 등의 자격으로 참여한 이들을 열거하면, 다음과 같이 여러 인물을 만날 수 있다(괄호 안은 주요 직함,

고인을 포함한다).

　우노 세이치宇野精一(도쿄 대학 명예교수), 시미즈 이쿠타로淸水幾太郞
(가쿠슈인 대학學習院大學 교수), 고보리 게이치로小堀桂一郞(도쿄 대학 명
예교수), 에토 준江藤淳(평론가, 도쿄 공대 교수), 고야마 겐이치香山健一
(가쿠슈인 대학 교수), 무라마쓰 다케시(쓰쿠바 대학筑波大學 명예교수), 가
세 히데아키加瀨英明(외교평론가), 무라오 지로村尾次郞(역사학자), 세지
마 류조瀨島龍三(이토추 상사伊藤忠商事 회장 등 역임), 이부카 마사루(소
니 명예회장), 이시이 고이치로石井公一郞(브리지스톤 사이클 상담역), 쓰
카모토 고이치塚本幸一(와코루 창업자), 다케미 다로武見太郞(일본의사회
회장), 오다무라 시로小田村四郞(전 행정관리 사무관, 다쿠쇼쿠 대학拓殖大學
총장), 나카가와 야스히로中川八洋(쓰쿠바 대학 명예교수), 모모치 아키
라百地章(일본대학 교수), 오하라 야스오大原康男(고쿠가쿠인 대학國學院大
學 교수)…….

　아는 사람은 알겠지만, 일본의 신구 우파인사들이 총망라된 면
면이라 하겠다. '국민회의'는 말 그대로 학계, 재계, 종교계, 정계의
우파란 우파는 모두 결집했다고 해도 과언이 아닌 조직이다.

우파계 종교의 결집, 일본을 지키는 모임

　　　한편, 후자인 '일본을 지키는 모임'은 '국민회의'에 앞
서 1974년, 주로 우파계 종교단체가 중심이 되어 결성했는데 이른
바 '종교 우파조직'이라 할 수 있다.

　전 자민당 참의원인 무라카미 마사쿠니는 이 단체에서도 '국사

대책 국장'으로 참여하여 단체의 설립 경위를 잘 알았다. 무라카미의 말에 따르면, 이 단체를 결성한 발단은 임제종 승려인 아사히나 소겐朝比奈宗源이었던 듯하다. 가마쿠라鎌倉 엔카쿠지円覺寺의 주지를 맡기도 했던 아사히나는 정치인 오자키 유키오尾崎行雄와 기독교 사회운동가인 가가와 도요히코賀川豊彦 등과 함께 '세계연방운동'(세계를 하나의 연방국가로 건설하려는 운동 — 옮긴이)을 펼친 경력도 있다. 다음은 무라카미의 증언이다.

"아사히나 씨는 본래 평화운동에 열심이었습니다만, 어느 날 이세 신궁伊勢神宮을 참배한 후 '하늘의 계시'를 받았다고 합니다. 그래서 이전부터 알고 지내던 메이지 신궁의 다테 다쓰미伊達巽 신관과 도미오카하치만 궁富岡八幡宮의 도미오카 모리히코 신관, 그리고 다니구치 마사하루谷口雅春 선생님 같은 분들에게 '일본을 지키는 모임'을 결성하자고 호소했습니다. 그 모임이 커지면서 각 종교단체 지도자나 사상가, 문화인이 가세했고 결국 '일본을 지키는 모임'이 결성된 것입니다."

무라카미가 말하는 다니구치 마사하루는 신흥종교단체인 '생장의 집生長の家'의 교조다. 1893년 효고 현兵庫縣에서 태어났으며, 제2차 세계대전이 일어나기 전인 1930년에 생장의 집을 창설한 괴인물이다. 전쟁 때는 '일본 정신의 현현顯現'을 호소하며 군부의 전쟁수행에 적극적으로 협력하면서 급속히 신자를 늘려나갔다. 전후에는 한때 신자 수가 300만 명을 웃돌 정도로 교세를 자랑했고, 1964년에는 정치조직으로서 '생장의 집 정치연합', 약칭 '생정련'

을 조직하여 정계 진출을 도모하기도 했다.

다시 말해 생장의 집은 우파 경향이 매우 강한 거대한 신흥종교 단체로, 한때는 현실 정계와도 밀접한 관계를 맺었다. 사실 무라카미 마사쿠니 자신도 과거 '생장의 집'의 전폭적인 지원으로 자민당 참의원 선거에 출마하여 당선한 '생장의 집'계 정치가였다.

생장의 집 교조인 다니구치 마사하루가 '일본을 지키는 모임'의 결성에 크게 공헌했다는 사실은 중요한 의미가 있다. 따라서 이 점에 관해서는 좀 더 정확하게 전후 관계를 확인해두고자 한다.

다음은 '일본을 지키는 모임'의 설립에 크게 이바지한 도미오카 모리히코의 뒤를 이어 도미오카하치만 궁의 신관이 된 사와타리 모리후사澤渡盛房가 1985년, 《조국과 청년》(같은 해 8월호)에 게재한 글을 인용한 것이다. 《조국과 청년》은 생장의 집 출신자들로 이루어진 우파단체 '일본청년협의회'가 발행한 기관지다. 내용이 조금 길지만, 생장의 집이라는 신흥종교와 신도神道(일본 고유의 민족종교. 민간신앙에 외래종교인 유교·불교의 영향을 받아 성립했으며, 신사神社와 왕실을 중심으로 널리 퍼졌다─옮긴이)계 종교단체가 전쟁 후 일본 우파 운동의 원류로서 어떻게 자리 잡아가는지 그 과정을 엿볼 수 있으므로 꼭 읽어주기 바란다.

1973년경의 일이었다. 도미오카하치만 궁의 선대 도미오카 모리히코 신관이 신도 이세의 숙소에서 가마쿠라 엔카쿠지의 아사히나 소겐 관장과 함께 묵을 때였다. 그들은 일본의 현재를 걱정하며 자연스럽게 대화를 나눈 적이 있었다. (중략)

두 사람이 앞으로 행동을 일으키려 할 때 제일 먼저 생각한 것은, 무엇보다 메이지 신궁 신사의 경내를 거점으로 활동하는 다테 다쓰미 신관의 협력이 절대적으로 필요하다는 점이었다. 다테 신관은 도미오카 신관의 요청을 흔쾌히 받아들였다. 그리고 두 사람은 유식자 여러 사람을 찾아뵙기 시작했는데, 가장 먼저 방문한 이가 바로 생장의 집 다니구치 마사하루 총재였다.

당시 나는 도미오카 신관을 따라 다니는 일이 많았는데 어느 날, 아사히나와 도미오카 두 신관이 하라주쿠原宿 본부로 다니구치 총재를 방문했을 때 나도 함께하였다. 두 신관께서는 다니구치 총재에게 방문목적을 교대로 이야기하면서 세상을 거정하고 종교심의 환기를 논하였다. 정신운동의 필요성에 관해 활발한 토론이 이루어졌음은 두말할 나위 없다.

그때 다니구치 총재 입에서 강력한 말이 흘러나오기 시작했다. "생장의 집이 두세 개쯤 사라지더라도 조국 일본이 본래 모습을 되찾기만 한다면 그 또한 어쩔 수 없는 일, 우리는 그런 각오와 굳은 결의로 생장의 집을 거점으로 종교활동에 정진하고 있습니다. 당연히 협력해야 할 일일 뿐만 아니라 생장의 집 활동 자체가 목표하는 바가 바로 그것입니다."

실로 애국자의 잠언이었다. 이에 힘을 얻은 두 신관은 이후 각자 여러 유식자를 방문하여 설득한 결과, 1974년 4월 2일 메이지 기념관에서 '일본을 지키는 모임'을 발족하게 되었다.

신도 종교의 중심적 존재라 할 수 있는 메이지 신궁. 그리고 전후 일본 우파운동에 큰 영향을 미친 다니구치 마사하루가 이끄는 거대신흥종교 '생장의 집'. 양대진영의 지도자들에게 우파계 종교인이 호소함으로써 두 진영의 두터운 지원을 받으며 발족한 '일본을 지키는 모임'. 거듭 말하지만 이 구도는 지금도 여전히 명맥을 잇고 있다.

즉, 일본회의라는 존재의 배후에는 신사본청을 축으로 하는 신도 종교단체와 생장의 집의 그림자가 조직과 인맥에 드리웠고, 어쩌면 지금에도 짙게 드리워져 있을 것이다. 자세한 내용은 뒤에서 설명하기로 하고, 여기서는 일단 위와 같은 사실을 기억해두기 바란다.

국민운동을 지탱하는 기반으로서

우파계 종교단체를 축으로 결성된 '일본을 지키는 모임'은 사무국을 도쿄 시부야澁谷 구의 메이지 신궁 회관에 두고, 사무총장에는 '국민회의'와 마찬가지로 메이지 신궁의 신관이던 소에지마 히로유키가 취임했다. 소에지마가 1989년에 남긴 저서《내가 걸어온 쇼와사私の歩んだ昭和史》(메이지 신궁 숭경회)에 따르면, 모임의 대표위원 등 여러 임원에는 다음과 같은 인물들이 임명되었다.

아사히나 소겐(임제종 엔카쿠지), 다테 다쓰미(메이지 신궁), 도미오카 모리히코(도미오카하치만 궁), 이와모토 가쓰토시岩本勝俊(조동종 소지지總持寺), 가네코 니치이金子日威(일련종 혼몬지本門寺), 시미즈다니 교준淸水谷恭順(센소지淺草寺), 다니구치 마사하루(생장의 집), 세키구치 도미노關口トミノ(불소호념회佛所護念會 교단), 오카야마 고다마岡山光玉(세계진광문명교단), 하스누마 몬조蓮沼門三(수양단修養団), 이시카와 야

하치로石川弥八郎(모랄로지 연구소), 야스오카 마사히로安岡正篤(전국사
우협회)······.

그리고 앞에서 이야기한 '국민회의'와 이 '일본을 지키는 모임'
이 통합하여 1997년에 새롭게 탄생한 조직이 '일본회의'였다. 즉,
전후 일본의 우파계 정치가, 학자, 문화인, 경제인, 그리고 신자와
자금이 풍부한 종교단체가 대동단결하는 형태로 발족한 것이 일본
회의다.

다시 무라카미 마사쿠니의 증언.

"'일본을 지키는 모임'은 종교인과 문화인의 모임이었고 '국민회
의'는 정계, 재계, 학계 등 각계 대표자 모임이었습니다만, 양쪽 모
두 사무국은 도야마 가쓰시外山勝志 씨나 가바시마 유조椛島有三 씨
가 담당했습니다."

― 조직은 각각 별개였지만, 사무국은 한 곳이었다는 말씀입니까?

"예, 그 사무국 쪽에 있던 도야마 씨나 가바시마 씨로서는, 예를
들면 지금의 천황 폐하가 즉위할 당시 봉축운동을 전개했는데, 그
때도 먼저 '일본을 지키는 모임'의 임원회를 거쳤어요. 마찬가지로
'국민회의' 임원회에서도 회의하지 않으면 아무 일도 결정할 수 없
었지요. 그러다 보니 두 조직을 통합하면 우리가 지향하는 국민운
동을 지지하는 더 큰 기반이 생길 것이다, 이렇게 도야마 씨와 가
바시마 씨가 말하기 시작했어요. 그래서 두 조직의 임원회에 제의
하여 탄생한 것이 일본회의였습니다."

여기에 등장하는 도야마 가쓰시는 메이지 신궁의 신관 출신이

고, 가바시마 유조는 생장의 집 학생조직의 활동가 출신인데, 가바시마 유조는 현재 일본회의 사무총장으로 단체의 실무를 담당하는 핵심인물이다.

최대의 적의 상실과 원점회귀

1997년 5월 30일, 일본회의의 설립대회가 도쿄 기오이초에 있는 호텔 뉴오타니에서 열렸다.

일본회의 측 기록에 따르면, 설립대회에는 약 1,000여 명의 정계, 재계, 학계, 종교단체 대표자 등이 참가했고, 초대회장에는 와코루 회장인 쓰카모토 고이치, 부회장에는 성악가인 안자이 아이코安西愛子, 브리지스톤 사이클 전 사장 이시이 고이치로, 신사본청 총장 오카모토 겐지岡本健治, 다쿠쇼쿠 대학 총장 오다무라 시로, 메이지 대학 교수 고보리 게이치로, 이 밖에 이사장에는 메이지 신궁 신관인 다나카 야스히로田中安比呂가 각각 취임했다.

이 중 다나카 야스히로가 발표한 '설립선언'을 소개한다. 일부를 축약하여 인용하면 다음과 같다.

우리나라는 자연과 공생하면서 전통을 존중하고, 해외 문명을 받아들여 우리 것으로 승화하면서 국가건설에 최선을 다해 힘써왔다. 메이지 유신으로 시작된 최초의 근대국가 건설은 이러한 국풍의 눈부신 정수였다. 또한 유사 이래 전대미문의 패전을 경험하면서도 천황을 국민통치의 중심으로 생각하는 국가의 특색은 전혀 변함없이 이어져 왔으며 황폐해진 국토와 정신적인 허탈감 속에서도 국민의 충실한 노력을 토대로 나라를 경제대국으로까지 발전시켰다. 그러나 이런 놀랄 만한 경제적 번영의 그늘에서 일찍이 우리 선조가 키우고 계승한 전통문화는 경시되었고, 빛나는 역사는 잊히고 오욕 되었으며, 국가를 지키고 사회공공에 힘쓰던 기개는 사라졌다. 그 결과 오직 개인의 보신과 쾌락만을 추구하는 풍조가 사회 곳곳에 만연하여 바야흐로 국가를 무너뜨리고 있다.

아울러 냉전구조가 붕괴하면서 마르크스주의 오류는 철저히 폭로되었지만, 다른 한편으로 세계는 각국이 노골적으로 자국의 이익민을 수수하는 새로운 혼돈의 시대로 들어서고 있다. 그럼에도 불구하고, 지금 일본에는 이 격동의 국제사회 속에서 살아남기 위한 확고한 이념과 국가목표가 없다. 이대로 무위도식한다면 망국의 위기가 소리 없이 닥쳐오는 것을 피할 길이 없다.

우리는 이러한 시대를 살아가는 일본인으로서의 혹독한 자각에 근거하여, 국가발전과 세계공영에 공헌할 수 있는 활기찬 국가건설과 인재육성을 추진하고자 본회를 설립한다.

이 '설립선언'에서는 다양한 의도를 읽어낼 수가 있다.

먼저 무엇보다 '국가의 전통'을 중시한다는 점이다. 그러나 이것은 주로 메이지 유신 이후에 만들어진 '전통'으로, 이를 '눈부신 정수'라고까지 칭찬하고 있다. 또 전후 일본 역사에 대해서는 경제발전을 자의적으로 찬양하면서 '전통문화'와 '빛나는 역사', 그리고 '국가를 지키는 기개'가 사라지고 있다고 개탄한다. 이는 전형적이면서 지극히 진부한 전후 우파의 논리로서, 전혀 새로운 내용을 찾아볼 수 없다.

또한 '마르크스주의 오류'를 소리 높여 지적하는 점도 전후 우파의 특징을 잘 나타내고 있다.

기본적으로 '친미애국'의 중심이었던 전후 일본 우파는 무엇보다 '반공'을 최대의 연결점으로 삼아왔다. 거꾸로 말하자면 냉전체제의 붕괴가 전후 일본 우파진영에는 '최대의 적'을 상실한 것이나 마찬가지였고 혼란을 유발한 면마저 있는 것이 아닐까, 나는 생각한다.

1990년을 전후하여 소련을 필두로 하는 사회주의 정권이 차례로 붕괴하면서 이른바 냉전체제는 종식되었다. 일본 국내에서도 공산주의와 사회주의를 표방하는 좌파 운동단체 등이 큰 피해를 보았지만, 반공을 최대의 결집 축으로 삼은 일본의 우파 역시 일종의 목표상실 상태에 빠졌다.

그래서 운동을 다시 새롭게 부흥하고 재결집할 필요가 있었다. 바로 이것이 냉전체제가 붕괴한 지 얼마 되지 않은 1997년에 일본회의를 결성하는 하나의 원인이 되었는데, 결국 우파로서 내세운 결집축도 새롭게 정리되어 일종의 '원점회귀'를 도모한 것으로 생각한다.

일본회의가 설립대회에서 역설한 '기본운동방침'에도 그것이 잘 나타나 있다.

1. 아름다운 전통국가의 특색을 미래의 일본에

　　국민통합의 중심인 황실을 존경하고, 동포애를 함양한다.

2. 새로운 시대에 어울리는 신헌법을

우리나라 본래 특색에 바탕을 둔 '신헌법' 제정을 추진한다.

3. 국가의 명예와 국민의 생명을 지키는 정치를

   독립국의 주권과 명예를 지키고, 국민의 안녕을 도모하는 정치실현
   에 이바지한다.

4. 일본의 감성을 키우는 교육의 창조를

   교육에 일본의 전통적 감성을 되찾아 조국에 대한 자부심과 애정을
   지닌 청소년을 육성한다.

이하 5, 6으로 이어지는데, 길어지므로 생략한다.

어쨌거나 이 '기본운동방침'에 기록된 대로 ① 황실에 대한 존숭
尊崇, ② 헌법의 개정, ③ 국방의 충실, 그리고 ④ 애국 교육의 추진
등 일본회의에 결집한 우파의 공통목표는 이 네 가지 축으로 집약
된다고 해도 과언이 아니다. 또 한 가지 덧붙인다면 ⑤ 지극히 아
날로그적이며 복고적인, 그들의 주장에 따르면, '전통적'인 가족관
의 중시일 것이다. 거꾸로 말하자면, 이 다섯 가지 축과 관련한 일
들은 일본회의에 모이는 인사들의 심금을 울리는 가장 중요한 주
제로, 이를 침해하거나 경시하는 정책과 언동은 때때로 과민할 정
도의 반응을 일으킨다.

현실정치에 미치는 영향

일본회의에 대해서는 이에 호응하는 형태로 '일본회
의 국회의원간담회'가 거의 동시에 발족했다는 사실에 주목하지

않을 수 없다. 단순한 운동단체가 아니라, 정치에 직접적인 영향력을 행사하여 자신들의 우파 정책과 주장을 실현하는 것이야말로 일본회의의 특징이기 때문이다.

일본회의의 설립대회 전날인 1997년 5월 29일.

일본회의 국회의원간담회의 설립총회는 일본회의의 설립대회가 열렸던 호텔 뉴오타니에서 개최되었다. 이전에도 원호법제화 운동이나 천황 즉위 50주년 봉축운동 등과 관련하여 의원연맹이 개별적으로 결성됐지만, 일본회의라는 우파 정치단체와 연동하는 형태로 항구적인 대규모 '의원연맹'을 구축한 것은 이것이 처음이었을 것이다.

당일 설립총회에 참가한 국회의원은 대리출석을 포함하여 총 115명. 일본회의 측 자료에 따르면, 발족 이후 불과 반달 만에 입회자 수가 거의 두 배가량 증가하여 204명에 이르렀다고 한다. 그 내용을 보면 중의원 의원 133명, 참의원 71명. 초당파라고는 해도 역시 자민당이 대부분인 184명을 차지했으며, 당시의 신진당新進党, 태양당太陽党, 무소속 의원 등도 참가했다.

회장은 자민당 중의원 의원이던 시마무라 요시노부島村宜伸, 간사장에는 마찬가지로 자민당 중의원 의원인 히라누마 다케오平沼赳夫, 사무국장에는 자민당 참의원이던 고야마 다카오小山孝雄가 취임했다. 고야마는 본래 생정련, 즉 생장의 집 정치연합 본부의 직원 출신이며, 간사장인 히라누마 다케오는 설립총회에서 다음과 같은 인사말을 남겼다.

"일본을 지키는 모임, 일본을 지키는 국민회의는 20여 년에 걸쳐 일본 전국 방방곡곡에서 강력하고 폭넓은 활동을 전개해왔습니다. 두 모임이 대동단결하여 새롭게 쓰카모토 고이치 신임회장을 맞아 일본회의를 설립합니다. 이에 호응하여 우리 국회의원들도 당파를 넘어 전국적으로 강력한 일본을 위한 운동을 전개한다는 취지 아래, 오늘 여러분이 모인 이 자리에서 설립총회를 개최하게 되었습니다."

그렇다. 중참 양원의 초당파 국회의원들이 참석한 이 간담회는, 여기에 이름을 올린 의원 전부가 그렇지는 않더라도, 일본회의가 내세우는 이념과 정책에 공명하고 그에 호응하여 일본회의의 이념과 정책을 현실정치의 장에서 실현화하려는 목적이 있었다. 즉 일본회의는 단순한 정치단체가 아니었고, 물론 순수한 시민단체도 아니었으며, 현실정치에 영향력을 행사하는 로비 단체임을 처음부터 선언했던 것이다.

자금은 누가 지원하는가?

그로부터 약 30년. 일본회의의 현재 모습을 다양한 데이터 등을 토대로 간략하게 개관한다. 특별한 설명이 없는 한, 다음은 일본회의 사무총국의 홍보담당자로부터 얻은 정보 외에 내가 독자적으로 입수한 일본회의의 내부문서에 따른 것이다.

2015년 4월 현재, 일본회의 회원은 약 3만 8,000명이다. 2014년

4월 시점에는 약 3만 5,000명이었다고 하니 회원을 착실히 늘려가고 있는 셈이다.

정회원의 연회비는 1만 엔. 이 밖에 유지회원 3만 엔, 독지회원 10만 엔, 여성회원 5,000엔이라는 회비를 정해놓았는데, 전원을 정회원으로 단순 계산하면 연간 회비수입은 3억 8,000만 엔에 이른다. 이 밖에 '단체·법인의 협찬금, 기관지·명함 광고'(일본회의 홍보담당자)가 있고, 나아가 '시국 문제에 관한 개별운동을 추진할 때는 운동별로 협찬금을 받아 충당하는 때가 있다'(일본회의 홍보담당자)고 한다. 일본회의에는 자금이 풍부한 종교단체가 많이 모여 있어 상당히 풍부한 활동비를 지원받을 것으로 보이는데, '대략적인 연간예산 규모를 알고 싶다'는 우리의 요청에 '공표하지 않는다'고 답변할 뿐이었다. 회원의 연령 구성이나 남녀비율 등도 역시 '공표하지 않는다'며 공개하기를 거절했다.

현재로서는 이 부분의 자세한 실태를 전혀 알 수 없다는 말밖에 할 수가 없다. 다만, 일본회의의 창설 그리고 활동과 관련한 몇몇 인사의 언급에서 자금 등에 관한 몇 가지 간접증언을 얻을 수 있었다.

예를 들면 앞서 등장했던 전 자민당 참의원 무라카미 마사쿠니의 말.

"일본회의가 발족하기 전의 이야기입니다만, 쇼와 천황의 재위 50년 봉축행사 때, 신바시新橋에서 우에노上野까지 5.5킬로미터에 이르는 중앙대로에서 대규모 퍼레이드를 계획한 적이 있습니다. 내가 직접 야마오카 소하치山岡莊八(작가)를 찾아가 회장으로 추대하고, 마유즈미 도시로 씨 등을 중심으로 자민당을 통해 경찰을 설득하고, 여러 곳의 상가번영회도 설득하여 결과적으로 크게 성공했습니다. 나도 열심히 노력했습니다만, 단체의 중심은 메이지 신궁이었습니다."

- 그렇다면 자금도 메이지 신궁에서?

"네, 내주었습니다."

- 상당한 금액이었을 것 같습니다만.

"아아, 꽤 큰 금액이었습니다."

- 수천만 정도?

"그 정도로는 어림도 없어요. 억 단위였을 겁니다. 그것을 메이지 신궁에서 아무 말 없이 내주었지요."

일본회의 도쿄도의회 의원간담회의 회장대행을 맡았던 도쿄도의원인 고가 도시아키古賀俊昭는 다음과 같은 이야기를 들려주었다.

"(일본회의 사무총국에서 일하는 사람들은) 정말 모두 열심히 일합니다. 그들이 일하려면 (사무소의) 임대료와 인건비가 듭니다."

- 그것을 지원하는 일본회의의 자금에는 회원의 회비 외에 다른 것이 있습니까?

"직접 확인한 것은 아닙니다만, 회사를 경영하다가 일선에서 물러난 분들이 꽤 거액의 기부금을 낸다고 알고 있습니다. 하지만 임대료나 인건비를 충당하려면 가끔 들어오는 거액의 기부금만으로는 부족하지요."

- 그러면 어떻게?

"뭐니 뭐니 해도 신사본청이지요. 메이지 신궁 등이 낼 겁니다……."

거듭 말하지만, 일본회의는 어디까지나 임의의 정치단체에 불과하므로 당사자인 일본회의가 스스로 자금 상황 등을 밝히지 않는다면 우리가 그 내막을 알 도리는 전혀 없다. 다만 이들 증언에 의하면, 자금이 풍부한 신사본청이나 메이지 신궁 등의 종교단체가 다양한 형태로 일본회의를 지지하는 구도임을 엿볼 수 있다.

개별 테마별 프런트 단체

또한 개별 시국 문제 등에 관해 운동단체를 조직하거나 조직된 운동단체를 지원하는 것도 일본회의의 특징이라 할 수 있다. 대표적인 프런트 단체와 우호 단체의 극히 일부를 열거하자면 다음과 같다.

1. 아름다운 일본의 헌법을 만드는 국민 모임
   - 공동대표 사쿠라이 요시코(저널리스트), 다쿠보 다다에田久保忠衛(교린 대학杏林大学 명예교수), 미요시 도루三好達(전 대법원 판사), 간사장 모모치 아키라百地章(일본대학 교수)
2. '21세기의 일본과 헌법' 유식자간담회(민간헌법 임시조사회)
   - 대표 사쿠라이 요시코, 부대표 아사노 이치로浅野一郎(전 참의원 법제국장), 나카니시 데루마사中西輝政(교토 대학 명예교수), 니

시 오사무西修(고마자와 대학駒澤大学 명예교수), 사무국장 모모치
아키라

3. 메이지의 날 추진협의회
   - 회장 쓰카모토 사부로塚本三郎(전 민사당 위원장), 사무총장 다
   카이케 가쓰히코高池勝彦(변호사)

4. 다 함께 야스쿠니 신사를 참배하는 국민의 모임
   - 발기인 고보리 게이치로(도쿄 대학 명예교수 등 53명)

5. 일본의 건국을 축하하는 모임

6. 평화안전법제의 조기 성립을 요구하는 국민 포럼
   - 발기인 사구라이 요시코, 다쿠보 다다에, 니시 오사무

전부 열거하자면 끝이 없으므로 이 정도에서 멈추지만, 이 가운
데 1~4개의 프런트 단체, 우호 단체와의 관계를 일본회의 홍보담
당자는 다음과 같이 설명했다.

1. 일본회의가 사무국의 일단을 담당한다.

2. 행사개최의 홍보와 행사 운영에 협력하고 있다.

3. 행사개최의 홍보에 협력하고 있다.

4. 종전 60년을 맞이하여 일본회의가 사무국이 되어 발기인을
   모집하고, 8월 15일에 야스쿠니 신사를 참배하자는 '20만 명
   참배운동'이라는 국민운동을 전개했다.

종교단체가 지원

　　　　일본회의에는 신사본청과 메이지 신궁, 야스쿠니 신사와 같은 신사 외에 신도계와 불교계 등 다수의 신흥종교단체도 임원을 파견하는 등 활동을 지원하고 있다.

　전쟁 전에 창설된 신흥종교로는 국주회国柱会 등이 대표 격이다. 다나카 지가쿠田中智学가 1914년에 결성한 국주회는 '순정 니치렌주의日蓮主義'(일본 불교에서 니치렌의 법화경 지상주의 이념을 말한다 ― 옮긴이)를 내세운 국가주의 사상의 색채가 짙은 우파 종교단체로서, '팔굉일우八紘一宇'(온 천하가 한집안이라는 뜻으로, 일제가 침략전쟁을 합리화하려고 내건 구호 ― 옮긴이)라는 말을 만들어낸 것도 다나카 지가쿠였고, 만주사변의 실질적인 주모자였던 이시와라 간지石原莞爾 등에게도 큰 영향을 미쳤다. 전쟁이 끝난 후에도 일관되게 국수주의를 표방했으며, 일본회의에는 교단으로서 가맹하였다. 현재 교단 측은 적극적으로 참여하지 않는다고 말하지만, 헌법개정 운동에는 관여하고 있다.

　또한 1800년대 후반에 시작되었다고 알려진 신도계의 구로즈미교黒住教(본부 오카야마 현 오카야마 시岡山県岡山市)도 교단으로 가맹했고, 제6대 교주인 구로즈미 무네하루黒住宗晴는 일본회의의 대표위원을 맡고 있다.

　이 밖에 신도계에서는 다이와 교단大和教団(본부 미야기 현 센다이 시宮城県仙台市), 아나나이교三五教를 모체로 하는 오이스카オイスカ 인터내셔널(본부 도쿄 도 스기나미 구, 공익재단법인) 등이, 불교계에서는 영우회霊友会(본부 도쿄 도 미나토 구), 불소호념회佛所護念会 교단(본부 도

쿄 도 미나토 구), 신생불교교단(본부 야마구치 현 야마구치 시山口県山口
市), 염법진교念法眞教(본부 오사카 시 쓰루미 구大阪市鶴見区) 등이, 그 밖
의 여러 교계에서는 해탈회解脱会(본부 도쿄 도 신주쿠 구東京都新宿区),
숭교진광崇教真光(본부 기후 현 다카야마 시岐阜県高山市), 수양단체에서는
모랄로지 연구소(본부 지바 현 가시와 시千葉県柏市) 등이 각각 일본회
의에 임원을 파견하는 등 활동에 관여하고 있으며, 자세한 내용은
나중에 설명하겠지만, 대규모 집회에 인원을 동원하거나 서명 모
집을 하는 등 크게 기여하는 것으로 보인다.

일본회의에 참가하는 신흥종교단체에 관해서는 예전에 내가 주
간지《AERA》(《아사히 신문》출판)에 관련 보고를 기고했을 때, 편집
부를 통해 각 종교단체에 일본회의와의 관계를 문의한 적이 있다.
회신을 보내온 종교단체들은 대부분 '일본을 지키는 모임' 시절부
터 운동에 참여했다고 밝혔는데, 당연히 헌법개정에 '찬성'하는 입
장을 분명히 했다. 일본회의에서 구체적으로 어떤 활동을 하는지
다음에 소개하는 답신 일부를 보면 알 수 있다.

- 황실추앙 활동과 영령의 위령 현창 등 교단의 생각과 맞는 (일본회
  의의) 활동에 대해 그 취지에 찬동하는 회원에게 협력을 요청 – 불소
  호념회 교단
- 현재 교단으로서 (일본회의의) 활동에는 참여하지 않고 있다. 다만,
  관련 단체인 '아름다운 일본의 헌법을 만드는 국민 모임'의 대표위
  원으로 (교단 간부가) 취임하여 앞으로 활동할 것이다. 정교분리 원
  칙에 반하지 않는 한, 종교단체의 정치활동과 현직 국회의원과의 교
  류는 문제없다고 생각한다. – 국주회

- 서명 활동 등(에서 일본회의에 협력한다). 종교단체의 존재의의는 더 나은 사회를 만드는 데에 있다. 따라서 정치적으로 다양한 제언 등을 한다. 그러나 종교단체가 정치권력을 행사해서는 안 된다고 생각하기 때문에 스스로 일정한 거리를 두고 있다. – 신생불교교단
- 황실 분들이 (교단본부인) 오카야마에 왔을 때의 환영행사나 황실 경조행사의 참가(에서 협력하고 있다). 생각이 같은 국회의원에게 기대하는 바가 큰 것은 당연하지만, 그것은 어디까지나 (의원) 개인의 판단에 맡긴다. 종교단체가 개인의 의견을 좌우해서는 안 된다는 생각은 확고하다. – 구로즈미교
- 일본회의에 관해서는 할 말이 별로 없다. (다만) 올해로 헌법제정 70년이 지나 커다란 변화를 맞이한 현시점에서는 국민 개개인이 깊은 관심을 두는 것이 중요하다. 국민의 한 사람으로서 정치에 관심 있는 것이 매우 중요하다고 생각한다. – 숭교진광

  (이상, 문장 내의 괄호는 모두 인용자 주)

미디어에서 직접 질문한 탓인지 답변이 모두 상당히 소극적이었지만, 우파계 신흥종교단체가 집회동원이나 서명 모집 등에서 일본회의에 다양한 형태로 공헌하고 있음을 알 수 있다.

지방에서 도시로

일본회의는 특히 지방조직을 충실히 하는 데 힘을 쏟고 있다. 마치 마오쩌둥毛澤東(중국의 정치가 — 옮긴이)의 '농촌에서부

터 도시를 포위한다'는 전략과 같은데, 좌파운동을 모방하여 구축한 것으로 보인다. 일본회의는 모든 정책 운동에서도 '지방에서 도시로'라는 전략을 중시함으로써 각지에 지부를 조직하고, 내실을 다지는 데 주력하고 있다.

2016년 1월 18일 현재, 전국에는 243곳(해외에는 브라질의 한 곳)의 지방지부가 있다. 그 내용은 다음과 같다.

【홋카이도北海道 블록】
홋카이도(7지부: 가미카와上川, 도카치十勝, 시리베시後志, 구시로釧路, 지투세에니와千歳恵庭, 도지 개냥, 부모이留萌)

【도호쿠東北 블록】
아오모리青森(4지부: 아오모리, 히로사키弘前, 하치노헤八戸, 미사와三沢)

이와테岩手(2지부: 하나마키花巻, 모리오카盛岡)

미야기宮城(2지부: 센다이仙台, 이시노마키石巻)

아키타秋田(1지부: 유리혼조由利本荘)

야마가타山形(지부 없음)

후쿠시마福島(2지부: 겐난県南, 고오리야마郡山)

【간토関東 블록】
이바라키茨城(5지부: 히타치오타常陸太田, 겐니시県西, 미토水戸, 히타치日立, 겐난県南)

도치기栃木(1지부: 오야마小山)

군마群馬(2지부: 마에바시前橋, 다카사키高崎)

사이타마埼玉(17지부: 소카草加, 고시가야越谷, 미사토三鄉, 요시카와吉川, 가스카베春日部, 스기토杉戸, 가와구치川口, 이와쓰키岩槻, 사이타마さいたま, 사야마狭山 지구, 히다카日高, 도코로자와所沢, 도부도조東武東上 남부, 도부 도조 북부, 구키久喜, 지치부秩父, 후카야深谷)

지바(5지부: 이치카와市川, 도카쓰東葛 북부, 후나바시船橋, 가마가야鎌ヶ谷, 야치요八千代)

도쿄(17지부: 고토江東, 마치다町田, 후추府中, 다치카와立川, 아다치足立, 미나토港, 세타가야世田谷·메구로目黒, 조후調布, 도시마豊島, 스기나미杉並, 에도가와江戸川, 스미다墨田, 나카노中野, 구니타치国立·고쿠분지国分寺, 하치오지八王子, 이타바시板橋, 니시타마西多摩)

가나가와神奈川(8지부: 사가미하라相模原, 요코스카横須賀, 가와사키川崎, 가와사키기타川崎北, 요코하마横浜, 세이쇼기타西湘北, 쇼난니시湘南西, 쇼난히가시湖南東)

야마나시(지부 없음)

【호쿠리쿠北陸 블록】

니가타新潟(11지부: 나가오카長岡, 조에쓰上越, 니가타, 가시와자키柏崎, 아가阿賀, 겐오県央, 이토이가와糸魚川, 쓰바메니시칸燕西蒲, 미쓰케見附, 사도佐渡, 쓰바메燕)

도야마富山(지부 없음)

이시카와石川(4지부: 미나미노토南能登, 기타노토北能登, 겐오県央, 미나미카가南加賀)

후쿠이福井(지부 없음)

【도카이東海 블록】

나가노長野 (4지부: 주신中信, 호쿠신北信, 난신南信, 도신東信)

기후岐阜 (5지부: 주노中濃, 히다飛驒, 하시와시羽島市, 가모可茂, 도노東濃)

시즈오카静岡 (1지부: 하마마쓰浜松)

아이치愛知 (11지부: 니시미카와西三河, 오와리기타尾張北, 이치노미야一宮, 나고야名古屋, 가스가이春日井, 니시가스가이西春日井, 나고야 동부, 나고야 중앙, 나고야 북부, 나고야 서부, 지타知多)

미에三重 (6지부: 욧카이치四日市, 스즈카메鈴亀, 나바리이가名張伊賀, 이세伊勢, 노츠津, 이가伊賀)

【긴키近畿 블록】

시가滋賀 (4지부: 1구, 2구, 3구, 4구)

교토京都 (2지부: 북부, 라쿠난洛南)

오사카大阪 (7지부: 센슈泉州, 호쿠세쓰北摂津, 기타카와치北河内, 나카카와치中河内, 미나미카와치南河内, 센슈 사카이부회堺部会, 오사카시)

효고兵庫 (7지부: 나가·니시하리마中·西播磨, 세쓰단摂丹, 한신阪神 북부, 니시노미야·아시야西宮芦屋, 히가시하리마東播磨, 아와지淡路島, 기타하리마北播磨),

나라奈良 (2지부: 나라기타奈良北, 야마토大和)

와카야마和歌山 (2지부: 기난紀南, 와카야마)

【주고쿠中国 블록】

돗토리鳥取 (4지부: 주부中部, 사카이미나토境港, 동부, 서부)

시마네島根 (지부 없음)

오카야마岡山(11지부: 고지마児島, 쓰야마津山, 오카야마 북, 다마시마玉島, 구라시키倉敷, 마니와真庭, 아사히旭, 소샤総社, 이바라井原, 오카야마 동, 아사쿠치浅口)

히로시마広島(10지부: 미하라三原, 구레 · 에타지마呉 · 江田島, 하쓰카이치廿日市, 후쿠야마福山, 세라世羅, 히가시히로시마東広島, 오노미치尾道, 히로시마아사広島安佐, 히로시마 중앙, 히로시마 서)

야마구치山口(7지부: 우베宇部, 하기萩, 시모노세키下関, 간류岩柳, 슈난周南, 호후防府, 나가토長門)

【시코쿠四国 블록】

도쿠시마徳島(7지부: 히와사日和佐, 나루토鳴門, 마쓰시게松茂, 이타노板野, 기타지마北島, 도쿠시마 제일, 아난나카阿南那賀)

가가와香川(2지부: 마루가메丸亀, 다카마쓰高松)

에히메愛媛(8지부: 우와지마宇和島, 시코쿠 중앙, 이마바리今治, 마쓰야마조기타松山城北, 야와타하마八幡浜, 오즈大洲, 니하마新居浜, 도온東温)

고치高知(3지부: 시만토四万十, 아키安芸, 고치高知)

【규슈九州 블록】

후쿠오카福岡(10지부: 중앙 · 동부, 중앙 · 서부, 중앙 · 남부, 기타큐슈北九州 · 동부, 기타큐슈 · 서부, 겐난 · 북부, 겐난 · 야메치쿠시八女筑紫, 겐난 · 야나가와柳川, 겐난 · 오무타大牟田, 치쿠호筑豊)

사가佐賀(5지부: 다케오武雄, 사가, 사가 동, 가라쓰唐津, 이마리伊万里)

나가사키長崎(5지부: 니시소노기西そのぎ, 쓰시마対馬, 히라도平戸, 사세보佐世保 지구, 나가사키 지구)

구마모토(15지부: 다마나 제일玉名第一, 다마나 중앙, 아소기타阿蘇北, 아소나카阿蘇中, 기쿠치菊池, 고시合志, 기쿠요·오쓰菊陽·大津, 중부 시모마시키下益城, 중부 가미마시키上益城, 중부 우토宇土, 야쓰시로八代, 아마쿠사天草, 구마히토요시球磨人吉, 아라오荒尾, 구마모토)

오이타大分(5지부: 나카쓰中津, 벳푸別府, 히타日田, 사이키佐伯, 오이타)

미야자키宮崎(3지부: 노베오카延岡, 겐오, 에비노えびの)

가고시마鹿児島(4지부: 가와베川辺, 히오키日置, 소오曽於, 이즈미出水)

오키나와沖縄(5지부: 기노완宜野湾, 얀바루ゃんばる, 우르마うるま, 이토만糸満, 도미구스쿠豊見城)

전국 방방곡곡을 빼곡히 채웠다고는 말할 수 없지만, 2015년에도 지부 여섯 곳이 새롭게 설치된 것을 보면, '풀뿌리 우파운동'으로서 전국에 착실히 뿌리내리고 있다는 사실은 분명해 보인다. 일본회의 사무총국의 홍보담당자는 이렇게 말한다.

"애초에는 중의원 의원의 모든 선거구에서 (지부를 만들려고) 시작했습니다. 직접 응원할 수 있는 후보를 키우자는 목표로 시작하여 현재는 243곳에 지부가 있습니다. 선거구와 꼭 일치하지는 않지만, 목표는 (전체 소선거구 수와 거의 비슷한) 300곳에 지부를 설치하겠다는 생각입니다."

일본회의의 이론적 두뇌

일본회의는 와코루 전 회장인 쓰카모토 고이치를 초대회장으로 하여 출범했다. 현재는 교린 대학 명예교수인 다쿠보 다다에가 4대 회장으로 있으며, 각 직무에는 다음과 같은 면면이 이름을 올리고 있다. 일본회의의 홈페이지에도 올라와 있지만 참고로 본고 집필 시점(2016년 6월)의 임원명부를 바로 뒤에 게재하기로 한다.

학계, 재계, 그리고 종교계의 쟁쟁한 인물들이 임원에 취임했지만 명예직 형태의 임원도 많아서 일상적인 사무나 의사결정은 일본회의 사무총국, 즉 사무총장인 가바시마 유조 등이 관리하고, 매년의 운동방침은 1년에 한 번, 각 도도부현(일본의 광역자치단체) 대표자와 가맹단체의 임원, 전문가로 이루어진 전국이사회를 열어 결정한다고 한다.

또한 두세 달에 한 번 정도로 상임이사회를 개최하여 운동의 진척상황을 확인하고 운동방침 등을 협의·결정한다. 상임이사회는 일본회의에 대표위원을 낸 단체들로 구성되며, 인원수는 40~50명이다. 회장 다쿠보 다다에, 부회장 고보리 게이치로, 오다무라 시로 등이 출석한다고 한다.

아울러 시사 문제에 관한 성명문이나 행사결의문 등은 10명 정도로 구성되는 '정책위원회' 심의를 거쳐 개요가 정해지는 듯하다. 일본회의 관계자에 따르면, 위원에는 모모치 아키라(일본대학 교수), 오하라 야스오大原康男(고쿠가쿠인 대학 명예교수), 다카하시 시로高橋史朗(메이세이 대학明星大学 교수) 등이 이름을 올렸다. 이른바 일본회의의 '이론적 두뇌'라 할 면면들인데, 이 가운데 모모치와 다카하시는 본래 생장의 집 학생회전국총연합(생학련)의 활동가 출신으로, 신흥종교단체인 생장의 집의 그림자가 일본회의 중추에까지 짙게 드리워져 있음을 엿볼 수 있다.

명예회장

미요시 도루(전 대법원 판사)

고문

이시이 고이치로(브리지스톤 사이클(주) 전 사장)

기타시라카와 미치히사北白川道久(신사본청 통리)

다카쓰카사 나오타케鷹司尚武(신궁 신관)

핫토리 사다히로服部貞弘(신도정치연맹 상임고문)

와타나베 에신渡邊惠進(전 천태종 종주)

회장

다쿠보 다다에(교린 대학 명예교수)

부회장

안자이 아이코安西愛(성악가)

오다무라 시로(전 쇼쿠타쿠 대학 총장)

고보리 게이치로(도쿄 대학 명예교수)

다나카 쓰네키요田中恆清(신사본청 총장)

대표위원

아키모토 마에토쿠秋本協德(신생불교교단 최고고문)

이시하라 신타로石原慎太郎(작가)

이타가키 다다시板垣正(전 참의원 의원)

이치카와 신마쓰市川晋松(전 일본 스모 협회 상담역)

이토 겐이치伊藤憲一(아오야마 학원青山学院 대학 명예교수)

이나야마 레카오루稲山霊芳(염법진교 교주)

이마바야시 겐카오루今林賢郁((공사)국민문화연구회 이사장)

이리에 다카노리入江隆則(메이지 대학 명예교수)

우치다 후미히로打田文博(신도정치연맹 회장)

우츠노미야 데츠히코宇都宮鐵彦(주식회사 일화 대표이사 회장)

오이시 야스히코大石泰彦(도쿄 대학 명예교수)

오카다 고오岡田光央(숭교진광교崇教真光教 교주)

오카노 세호岡野聖法(해탈회 법주)

오구시 가즈오小串和夫(아쓰타熱田 신궁 신관)

오쓰지 히데히사尾辻秀久(일본유족회 회장)

오노 다카쓰구小野貴嗣(도쿄 도 신사청 청장)

가세 히데아키加瀬英明(외교평론가)

기우치 야스미쓰城内康光(전 그리스 대사)

구로즈미 무네하루黒住宗晴(구로즈미교 교주)

게노 요시오慶野義雄(일본교사회 회장)

고보리 고지쓰小堀光實(히에이잔엔랴쿠지比叡山延暦寺 대표임원)

사토 가즈오佐藤和男(아오야마 학원 대학 명예교수)

시부키 마사유키澁木正幸(일본회의 경제인동지회 회장)

시마 아쓰시志摩篤(가이코샤偕行社 이사장)

시마 요시코志摩淑子((주)아사히 사진 뉴스 사회장)

스모케 이와오住母家岩夫(NPO 법인 지속형환경실천연구회 회장)

세키구치 게이치関口慶一(불소호념회 교단 회장)

센 겐시쓰千玄室(다도 우라센케裏千家 전 당주)

다카기 하루노부高城治延(신궁 신관)

다케 가쿠초武覚超(히에이잔엔랴쿠지 대표임원)

다케모토 다다오竹本忠雄(쓰쿠바 대학 명예교수)

조소가베 노부아키長宗我部延昭(신도정치연맹 회장)

데라지마 다이조寺島泰三(일본향우연맹 회장, 영령에 답하는 모임 회장)

도쿠카와 야스히사德川康久(야스쿠니 신사 신관)

나카지마 세타로中島精太郎(메이지 신사 신관)

나카노 료코中野良子(오이스카 인터내셔널 총재)

하세가와 미치코長谷川 三千子(사이타마 대학埼玉大学 명예교수)

히로이케 모토다카廣池幹堂(모랄로지연구소 이사장)

호즈미 히데타네保積秀胤(다이와 교단 교주)

마쓰야마 후미히코松山文彦(도쿄 도 신사본청 청장)

마루야마 도시아키丸山敏秋(윤리연구소 이사장)

무라마쓰 에이코村松英子(여배우 · 시인)

내부자료에 의한 국회의원간담회 현황

한편, 일본회의 활동에 호응하여 중앙정계에서 그 정책실현을 위해 노력하는 것을 목표로 하는 일본회의 국회의원간담회 현황은 다음과 같다.

일본회의 사무총국 홍보담당자 등의 말에 따르면, 2005년 9월에 시행된 제44회 중의원 선거에 출마한 이들 중 간담회에 속한 중의원 의원은 모두 158명이었다. 이후 계속 증가하여 2007년 9월에는 중의원 174명, 참의원 51명으로 모두 225명이 된다. 나아가 2008년 10월에는 중참 양원에서 모두 250명으로 늘었고, 2012년과 2014년의 총선거를 거쳐 현재는 약 280명 내외다.

　그러나 정확한 가맹자 수와 가맹의원의 명부 등은 '일체 공표할 수 없다'고 한다. 대체 어떤 이유에서일까? 다음은 일본회의 홍보담당자의 말이다.

　"아시는지 모르겠지만, 일본회의에서 민주당(현 민진당) 의원을 내쫓으라는 운동이 시작되었어요. 아마도 공산당 지지자들이 벌이는 듯한데, 지금은 민주당 의원 개개인에게로 공격의 화살이 향하고 있어서 저희도 신중한 태도를 보일 수밖에 없습니다."

　- 그래서 정확한 가맹의원 수뿐만 아니라 명부 등도 일절 공개할 수 없다는 말인가요?

　"여러 언론에서 문의를 받습니다만, 앞서 말씀드린 사정으로 누가 소속됐는지, 누가 참여하는지 현재로서는 답하지 않습니다."

　이해할 수 없는 이야기다. 일본회의에서 민주당 의원을 내쫓으라는 '운동'이 있는지 없는지, 나는 모르는 이야기고 흥미도 없다. 더구나 '공산당 지지자'들이 그런 운동을 벌이건 말건 나하고는 상관없는 일이다. 다만, 국회의원은 궁극적으로 공적 존재이며, 그 혹은 그녀가 어떤 정치단체나 의원연맹에 속하여 활동하는지는 지극히 공적인 정보다. 그것을 '밝힐 수 없다'는 것은 도무지 이해할 수 없는 답변이다. 아무리 끈질기게 설득해도 일본회의 측의 태도는 변하지 않았다.

어쨌든 나는 이번에 2015년 9월 15일 시점의 일본회의 국회의원간담회 일람표를 손에 넣을 수 있었다. 일본회의 관계자에게서 얻은 일람표에는 '대외비'라는 표시가 있었는데, 해당 시점의 가맹의원이 전부 기록되어 있었다.

이에 따르면, 해당 간담회의 가맹의원 수는 중참 양원을 합하여 모두 281명이었다. 자민당 중의원 의원이 185명, 참의원 의원이 61명으로, 전체 가맹의원의 약 90퍼센트를 자민당 의원이 차지했다. 이 밖에 당시 유신당이 중참 양원에서 15명, 민주당이 8명, 차세대당이 6명, 일본을 건강하게 하는 모임이 1명, 무소속이 5명이었다.

이 내부자료를 토대로 현 정권(제3차 아베 개조 내각)의 각료와 총리 관저 간부를 검증하면, 간담회에 이름을 올린 사람들은 파악할 수 있다.

총리장관 아베 신조安倍晋三(자민, 중)　　　　　　　　○

부총리 겸 재무장관 아소 다로麻生太郎(자민, 중)　　　　　○

총무장관 다카이치 사나에高市早苗(자민, 중)　　　　　　○

법무장관 이와키 미쓰히데岩城光英(자민, 참)　　　　　　×

외무장관 기시다 후미오岸田文雄(자민, 중)　　　　　　　○

문부과학장관 하세 히로시馳浩(자민, 중)　　　　　　　　×

후생노동장관 시오자키 야스히사塩崎恭久(자민, 중)　　　○

농림수산장관 모리야마 히로시森山裕 (자민, 중)	○
경제산업장관 하야시 모토오林幹雄 (자민, 중)	○
국토교통장관 이시이 게이치石井啓一 (공명, 중)	×
환경장관 마루야마 다마요丸山珠代 (자민, 참)	○
방위장관 나카타니 겐中谷元 (자민, 중)	○
관방장관 스가 요시히데管義衛 (자민, 중)	○
부흥장관 다카기 쓰요시高木毅 (자민, 중)	×
국가공안위원장 겸 행정개혁담당장관 고노 다로河野太郎 (자민, 중)	×
오키나와·북방영토담당장관 시마지리 아이코島尻安伊子 (자민, 참)	○
경제재생담당장관 이시하라 노부테루石原伸晃 (자민, 중)	×
일억총활약담당장관 가토 가쓰노부加藤勝信 (자민, 중)	○
지방창생담당장관 이시바 시게루石破茂 (자민, 중)	○
도쿄올림픽담당장관 엔도 도시아키遠藤利明 (자민, 중)	×

○ 표시는 해당 각료가 일본회의 국회의원간담회의 일원임을 나타낸다. 계산해보면 총 20명 중 13명, 즉 전체 각료의 65퍼센트가 일본회의 국회의원간담회 회원이다. 이 수치는 아베 총리의 최측근이라 할 총리 관저의 핵심 스태프들을 보면 더욱 뚜렷해진다. 같은 형식으로 열거해보면 다음과 같다.

내각관방부장관 하기우다 고이치萩生田光一 (자민, 중)	○
내각관방부장관 세코 히로시게世耕弘成 (자민, 참)	○
내각총리장관 보좌관 (지역발전추진 및 문화외교담당)	
가와이 가쓰유키河井克行 (자민, 중)	×

내각총리장관 보좌관 (국가안전보장에 관한 중요정책담당)

　시바야마 마사히코 柴山 昌彦 (자민, 중)　　　　　　　　　　○

내각총리장관 보좌관 (교육재생, 소자녀화담당)

　에토 세이치 衛藤 晟一 (자민, 참)　　　　　　　　　　　　○

　한 명을 제외한 전원이 일본회의 국회의원간담회 일원이며, 특히 안보와 교육 등 현 정권과 일본회의가 중시하는 분야를 간담회 일원이 담당하고 있음을 알 수 있다. 그중에서도 에토 세이치는 '생장의 집' 출신으로 일본회의와 가장 밀접한 관계에 있으며 아베의 최측근인 동시에 브레인이라고 할 수 있다. 실제로 제2차 아베 정권 이후 줄곧 총리 보좌관을 맡고 있다.

　이런 경향은 제2차 아베 정권이 발족한 시점으로 거슬러 올라가더라도 마찬가지다. 아베가 건강 문제로 제1차 정권에서 물러났다가 다시 집권한 2012년 12월, 제2차 아베 내각의 각료 19명 중 일본회의 국회의원간담회 가맹의원은 12명이었고, 이들이 전체 각료에서 차지하는 비율은 63퍼센트였다. 2014년에 발족한 제2차 아베 개조 내각에서는 각료 19명 중 일본회의 국회의원간담회 가맹의원이 15명으로, 전체 각료에서 차지하는 비율이 80퍼센트에 이르렀다. 나아가 관방장관과 총리 보좌관 같은 관저 스태프에 이르면, 모든 인사가 철저히 이 간담회 회원으로 구성되어 있다.

　이처럼 적나라한 현실을 마주하면 일본회의에 정권을 빼앗겼다거나, 정권 자체가 '일본회의 정권'이라는 평가가 꼭 과장된 것만은 아니라는 생각이 든다. 이에 대한 답도 이 책 안에서 서서히 밝혀가기로 하자.

지방의회로 침투

앞서 말했듯이, 일본회의라는 우파조직은 풀뿌리 '국민운동'을 지향하면서 지방을 중시하기 시작했고, 그 결과 '지방에서 도시로'라는 운동전략을 종종 채택해왔다. 이 말은 곧 중앙정계를 움직이는 중참 양원뿐만 아니라 지방의회에도 열심히 침투한다는 뜻이다.

그래서 일본회의의 이념과 정책에 호응하는 국회의원으로 구성된 '일본회의 국회의원간담회'가 있듯이, 전국 도도부현·시구읍면 의회 의원으로 구성된 의원연맹으로서 '일본회의 지방의원연맹'이 존재한다.

일본회의 내부자료를 살펴보면, 지방의원연맹이 발족한 때는 2007년 10월이다. 지방의원연맹이 발족하기 이전부터 일본회의에 회원으로 가입한 지방의원 수는 2006년 11월 시점에 약 1,000명이었다. 그리고 2007년 10월에 지방의원연맹이 발족하자 의원 수가 더욱 늘어나 2011년 봄에는 1,036명이 되었고, 현재는 1,700명 내외에 달한다고 한다.

그렇다면 지방의원들과 일본회의는 서로 어떤 식으로 연결되어 어떤 활동을 펼칠까? 이를 알아보려고 나는 한 여성 시방의원을 방문했다.

도쿄 스기나미杉並 구의회 의원 마쓰우라 요시코松浦芳子. 현재 4선 구의원인 마쓰우라 씨는 일본회의 도쿄 도 본부 이사 외에 일본회의 수도권 지방의원간담회 부회장도 맡고 있다. 자세한 내용은 나중에 이야기하겠지만, 과거 경력을 포함하여 어떤 의미에서는 일본회의에 모인 면면의 '전형적인 예'라고도 할 지방정치가이므로, 일본회의의 지방 운동전략을 알아가는 실마리로써, 나아가서는 일본회의의 심층을 파악하는 실마리로써 그녀의 인터뷰를 소개하고자 한다.

인터뷰는 스기나미 구에 있는 마쓰우라 씨의 자택에서 이루어졌다. 정확을 기하기 위해 내 논평과는 별도로 인터뷰 내용을 일문일답 형식으로 기록한다.

– 마쓰우라 씨가 일본회의에 들어간 것은 언제입니까?

"꽤 오래전입니다. 본래는 마유즈미 도시로 씨(일본회의 전신인 '일본을 지키는 국민회의' 의장)의 강연회를 다니면서 가세 선생과도 친했으니까요."

– 외교평론가 가세 히데아키 씨 말씀이군요. 일본회의의 대표위원이기도 하지요.

"맞아요. 가세 선생은 (일본회의) 도쿄 도 본부 회장이셨는데, 제게 임원을 맡아 달라고 하셔서 어쩌다 보니 일본회의에 발을 들이게 되었네요."

– 그 후 구의회 의원이 되셨습니다만, 현지에서 의정활동을 하면서 예를 들어 의회에서 다양한 결의를 채택할 때, 일본회의나 지방의원연맹으로부터 어떤 지시나 의뢰를 받은 사례가 없습니까?

"있습니다. 한 달에 한 번 정도 팩스가 오고, 1년에 한 번 열리는 (지방의원연맹) 총회에서 활동목표와 일정이 계획되니까요. 의회에서 반드시 해야 할 질문도 정하고요."

– 그 밖에는 어떤 것들이 있습니까?

"예를 들어 헌법개정 서명운동 때, ○○ 선생(현지 국회의원)은 아직 서명 전이라는 표를 보내옵니다. 그러면 스기나미 구에서는 빨리 서명을 받아내지 못하고 뭐 하느냐는 말을 들어요. 그만큼 지방의원연맹의 존재는 (영향력 면에서) 강하다고 할 수 있어요."

 - 현재 일본회의의 존재를 어떻게 생각합니까?

"지금은 국회의원들이 모여 있고 하니까 어느 정도 힘이 있습니다만, 이전에는 아무것도 결정할 수 없는 상태였다고 들었습니다."

 - 예를 들면 어떤?

"이를테면 종교단체 등을 비롯한 다양한 단체가 모여 있다 보니 사공(지도자)이 너무 많아서 좀처럼 어떤 결정을 내리기가 힘들었던 모양이에요. 이쪽이다, 아니다, 저쪽이다……. 저마다 자기 주장을 펼치니까 쉽사리 앞으로 나아가지 못했고 그러다 보니 결국 아무것도 할 수 없었던 것이 아닐까요?"

 - 과거 '일본을 지키는 국민회의'와 '일본을 지키는 모임'이 나란히 활동하던 무렵에도 그랬던 것 같습니다.

"그래요. 그것을 가바시마 유조(일본회의 사무총장) 등이 '제대로 힘을 모아보자'고 했던 것이지요."

 - 그리고 1997년에 일본회의가 발족했고, 2007년에는 지방의원연맹도 만들어졌습니다.

"지방의원은 1년에 한 번, 총회를 겸해서 모입니다만, 처음에는 20명인가 30명 정도였고, 회의도 구체적으로 진행되지 않았습니다. 그런데 최근에는 완전히 바뀌었지요."

 - 구체적으로 어떻게?

"(총회에 지방의원이) 전부 참석하지는 못합니다만, 최근에는 백수십 명 정도는 모이는 것 같아요. 일렬로 죽 늘어선 것이 예전과는 전혀 다른 모습입니다. 최근에는 사쿠라이 요시코 씨의 강연회 등을 개최하고, 영향력도 큽니다. 국회의원과 지방의원 모두 달라져서 점점 움직임이 활발해지는 느낌입니다."

– 가입의원이 증가하는 이유는 무엇일까요?

"역시 서명 활동 같은 게 크지 않을까요? ○○ 선생이 아직 서명하지 않았다고 하면, 우리도 나서서 찾아가거나 합니다."

– 마쓰우라 씨는 수도권 지방의원간담회 부회장입니다만, 수도권 레벨에서 하는 회의나 모임도 있습니까?

"예, 1년에 네다섯 번은 합니다. 다른 지자체 의원과의 정보교환도 중요하니까요. 대만이나 이시가키시마石垣島, 대마도 등으로 연수를 가기도 합니다."

– 스기나미 지부에는 일본회의 회원이 몇 명 정도나 있습니까?

"100명이 있습니다."

– 스기나미 지부에서 갖는 모임은?

"한 달에 한 번입니다. 주로 강연회나 의견교환을 위한 모임입니다. 최근에는 ○○ 씨(현지 국회의원 후보)를 어떻게 후원해야 할지에 관한 이야기를 나눴습니다."

– 솔직히 묻겠습니다만, 지방의원으로서 일본회의에 속해 있을 때 이점은 무엇입니까? 예를 들면 선거 때 표를 모을 수 있다거나 하는…….

"일본회의 스기나미 지부도 본래는 저와 지원자가 만들었습니다만, 지금은 이미 여러 의원이 (일본회의와 지방의원연맹에) 속해 있고, 표도 분산되어버립니다."

– 선거 때 후원이나 도움, 자금원조 등은 없습니까?

"조금 도와주기는 하지만, 자금 면에서 원조는 일절 없습니다. 일본회의는 가난하니까요."

– 그렇습니까?

"예, 사무국 직원들의 급여를 듣고는 너무 적어서 오히려 돕고 싶을 정도였습니다."

– 그런 의미에서는 엄격하군요.

"일본회의는 성실한 그룹입니다. 모두 대단해요. '우익'으로 불리는 그룹과는 조금 다릅니다."

아베 총리에게는 고마운 존재

"기존 우익단체들과는 달리 성실하고, 엄격히 활동하며, 국회의원과 지방의원들 사이에서 서서히 뿌리를 내렸다."

마쓰우라 씨는 일본회의의 오늘을 이렇게 설명했다. 이런 견해는 마쓰우라의 배경을 보면 더욱 설득력을 얻는다. 사실 마쓰우라는 최근 들어 활동하기 시작한 가벼운 우파가 아니라 젊은 시절부터 확고한 우파활동가였기 때문이다.

1948년, 스기나미에서 태어난 마쓰우라는 어머니가 생장의 집 신도였고, 그 영향으로 고등학교 시절부터 생고련, 즉 생장의 집 고교생연맹에서 활동했다. 그뿐만 아니라 1970년 11월, 도쿄 도 이치가야市ヶ谷의 육상자위대 이치가야 주둔지에서 자살한 작가 미시마 유키오三島由紀夫와도 친교가 있었다. 그 인연으로 마쓰우라는 미시마가 주재한 방패회楯の会의 초대 학생회장이던 고 모치마루 히

로시持丸博와 결혼하여 가정을 꾸렸다.

확고한 우파인 마쓰우라는 일본회의의 활동에 약간의 '아쉬움'을 느끼면서도 아베 정권과 관계를 맺으면서 헌법개정을 추진하는 현 상황을 '아베 총리라면 괜찮다'고 믿으며 지지한다고 한다. 마쓰우라 씨와 인터뷰를 계속해본다.

– 사적인 부분이라 죄송합니다만, 마쓰우라 씨 어머님은 생장의 집 신도였군요.

"그렇습니다. 그래서 나도 연성회(생장의 집의 가르침을 배우는 강습회 같은 것)에 참석했습니다. 처음에는 반항도 했습니다만, 고등학생 때 생고련의 도쿄 도 부집행위원장 겸 사무국장을 맡으면서 전국에 친구도 생기고, 많은 선생님에게 여러 이야기를 들어왔습니다. 예를 들면 선조 이야기나 일본인의 기상에 관한 이야기, 특공대 유서 이야기 등을 통해 젊은 사람들이 열심히 노력해야 한다는 말을 줄곧 들었습니다. 이런 것들이 지금 내 가치관의 근본을 이룬다고 생각합니다."

– 역시 생장의 집의 가르침이 바탕이 되었다는 말이군요.

"나는 종교단체를 별로 좋아하지 않습니다. 나는 '생장의 집'을 종교단체로 생각하지 않아요. 그보다는 철학단체, 다니구치 마사하루谷口雅春의 철학입니다. 히라누마 다케오平沼赳夫(중의원 의원, 현재 일본회의 국회의원간담회 회장) 선생도 그렇고, 옛날 정치가나 경제계 분들은 다니구치 선생님의 저서《생명의 실상生命の実相》을 읽었습니다. 정치건 경제건 일종의 철학이 필요하니까 일류가 되려는 사람은 거의 모두 다니구치 철학을 배웠습니다."

– 종교철학인지 어떤지는 차치하고, 일본회의 핵심에 있는 분들을 보면 생장의 집, 혹은 그 학생조직인 생학련(생장의 집 학생회전국총연합), 생고련(생장의 집 고교생연맹)에서 활동한 인물이 많습니다. 개헌파 헌법학자로 일본회의 정책위원이기도 한 모모치 아키라 씨도 그렇지 않습니까?

"모모치 선생은 고등학생 때 만났습니다. 생고련 한 기수 위입니다."

– 사무총장인 가바시마 유조 씨도 생학련 출신입니다. 모모치 씨와 마찬가지로 일본회의 정책위원이자 아베 총리의 브레인이라고도 하는 이토 데쓰오伊藤哲夫(일본정책연구센터 대표) 씨도 그렇고, 다카하시 시로(메이세이 대학 교수) 씨도 생고련 출신이지요?

"다카하시 선생은 후배였습니다. 그도 생고련에서 만났지요."

– 이처럼 생장의 집에 뿌리를 둔 분들이 꾸준히 정치운동을 해서 일본회의 같은 조직으로 이어지는 것을 어떻게 생각합니까?

"젊은 시절에 '일본인이란 무엇인가'에 관한 생각이 확고히 심어졌기 때문에, 심어졌다고 말하니 세뇌 같은 느낌이 들기는 합니다만, 아무튼 그런 생각을 확실히 계승하고 있으니까 흔들리는 일이 없을 거로 생각합니다."

– 그렇군요. 마지막으로 묻겠습니다. 아베 정권과 일본회의의 관계에 관해서입니다만, 일본회의가 상당한 영향력을 행사한다고 보시는지, 아니면 상호 보완하는 관계라고 생각합니까?

"영향력을 행사한다기보다는 지지하는 것으로 생각합니다."

– 일본회의가 아베 정권을?

"네, 정치가는 역시 지지하는 사람들이 있어야 움직일 수 있는 존재입니다. 일본회의가 아베 정권을 지지하는 힘이 된다고 생각합니다. 아베 총리로서는 고마운 존재가 아니겠습니까?"

– 당분간 최대목표는 역시 헌법개정입니까?

"그렇습니다. (헌법에) 긴급사태 조항이 없다는 사실은 역시 위험합니다. 게다가 가족 규정도 (헌법에) 없지 않습니까? 오늘날 가족이 붕괴하고 있습니다. 가족은 사회의 가장 중요한 단위이므로 가족이 확고하면 사회도 나아지리라고 나는 생각합니다."

개헌을 호소하며, 아베 정권의 핵심지지층이 되는 일본회의. 그 중추와 주변에 감도는 생장의 집과 같은 종교단체의 인맥과 그림자. 이것이 일본회의의 전부는 아니라고 해도 현대 일본에서 최대 우파단체로 평가받는 조직으로서 또 다른 한 면의 심층을 드러내고 있다는 사실은 틀림없다.

2장

또 하나의 학생운동과
생장의 집

사무총장 가바시마 유조의 원점

대규모 시위대가 국회 주변을 가득 에워싼 1960년의 안보투쟁에 이어 이른바 전공투全共闘(전학공동투쟁회의) 운동으로 이어지는 전환기였던 1966년. 국공립이나 사립 학교를 불문하고 전국 대학 캠퍼스는 이미 신좌익계 학생들로 뒤덮여 각 학교 학생 자치회 역시 그들 혹은 그녀들이 주도권을 잡은 학생운동의 거점이 되었다.

그런데 규슈 나가사키長崎 대학에서 그해 10월, 작지만 현재로 이어지는 중요한 이변이 일어났다. 이 대학의 교양학부 자치회 선거에서 좌파학생이 주도하는 수업거부에 반대하던 우파 학생모임인 '유지회有志会'가 일반학생들을 설득하는 데 성공함으로써 위원장 자리를 획득하며 승리한 것이다.

이는 주요대학 가운데 우파학생이 자치회 선거에서 승리한 최초의 사건으로, 이를 주도한 이들이 바로 이 대학 2학년 가바시마 유조, 1학년 안도 이와오安東巖 등이었다. 이들은 모두 생장의 집 계열의 서클인 '정신과학연구회' 일원으로, 부모나 본인이 생장의 집의 열렬한 신자라는 공통점이 있다.

가바시마 등의 활동이 특이했던 것은 신좌익주의자들이 석권하던 대학 캠퍼스에서 치밀하고 끈질기게 그리고 열심히 '활동이론의 구축'과 '조직력 강화'를 추진해나갔다는 점이다. 캠퍼스 내에서 압도적 다수를 차지하던 좌파계 학생들과 격렬하게 맞서며, 때로는 충돌을 불사하면서까지 집요한 회원모집 활동을 벌여 서서히 동료와 지지지들을 늘려나간 것이다.

이듬해인 1967년에는 이 '유지회'가 나가사키 대학 학생협의회(나가사키 학협)라는 조직으로 발전한다. 의장에 취임한 이가 바로 가바시마 유조. 당시 오이타 대학의 학생인 에토 세이치(현 참의원, 총리 보좌관) 등도 이에 호응했는데, 1968년에는 규슈 학생자치체연락협의회(규슈 학협), 1969년에는 우파학생의 전국조직인 전국학생자치체연락협의회(전국학협)의 결성으로 이어진다. 배후에서 이들을 지지한 것은 다름 아닌 생장의 집과 그 학생조직인 생장의 집 학생회전국총연합(생학련)이었다.

일본의 우파활동에 정통한 자유기고가인 야마다이라 시게키山平重樹가 1989년에 발표한《끝나지 않는 꿈: 도큐먼트 신우익果てなき夢 ドキュメント新右翼》에서는 관계자에 대한 직접 인터뷰 등을 바탕으로 당시 가바시마 유조 등의 활동상을 다음과 같이 기록한다.

당시 나가사키 대학의 학생 수는 3,000명, 그중 파업찬성 측 활동가는

400명을 넘었다. 그뿐만 아니라 대다수 학생이 파업을 지지했다. 그에 반해 파업을 반대하는 학생모임인 '유지회'는 가바시마를 포함하여 8명으로 출발했다.

학협의 기본방침은 어디까지나 생산점(학원)에서의 투쟁이 첫 번째로서, 그 중심이 되는 인재양성 → 거점 서클의 결성·강화 → 거점 서클을 규합하여 학생협의회 조직화 → 자치회 공략 → 자치회의 권력을 빼앗고, 권력을 빼앗은 후에는 자치회를 지원하여 학내 매스컴의 확립을 도모함으로써, 일반학생을 대상으로 계몽활동을 전개한다는 것이었다.

회원모집 활동도 철저했다. 학생의 하숙집이나 집을 일일이 찾아가는 방식으로 대략 1,000명에 이르는 1학년생을 거의 전부 개별 방문했다. 그중 조금이라도 관심을 보이는 학생을 추려서 간부가 다시 접근하는 식이었다. (중략) 최전성기에는 활동가가 약 200명에 이르렀고, 교양학부와 경제학부 두 자치회를 장악했으며, 일고여덟 개 서클을 운영했다.

(이상 모두《끝나지 않는 꿈: 도큐먼트 신우익》에서 발췌, 원문인용)

진즉 알았겠지만 여기에 등장하는 가바시마 유조는 현재 일본회의 사무총장으로, 일본회의의 실무를 중점적으로 맡은 인물이다. 따라서 가바시마 입장에서 일본회의 활동의 원점은 모교인 나가사키 대학에서 했던 반좌익 투쟁이며, 그가 강한 집념을 갖고 끈질기게 추진해온 운동의 '조직화'는 현재 일본회의 모습에 그대로 반영되었다.

우파학생의 준동

　　　　한편, 같은 시기 도쿄의 명문사학인 와세다 대학에서
도 우파학생의 준동蠢動이 시작되고 있었다.

　당시 와세다 대학에서는 학생자치회를 장악한 신좌익계 학생들
이 학비인상 등에 반대하면서 와세다 대학 분쟁이 발생하여 전 학
년 수업거부 사태에 돌입해 있었다. 이에 우파계 학생들은 '유지
회'를 결성하여 신좌익계 학생과 대치하는 견해를 밝혔다.

　와세다 대학 정경학부 학생으로 '유지회'에 참가한 야마우라 요
시히사山浦嘉久 (현《월간 일본》논설위원)는 다음과 같이 회상한다.

　"와세다는, 생학련이 주도한 나가사키 대학 등과 상황이 조금 달
랐어요. 유지회를 토대로 성립한 와학련(와세다 대학 학생연맹) 의장
은 생장의 집 출신인 스즈키 구니오鈴木邦男였는데, 일부 학생은 자
민당 학생부 등과 관계가 깊었지만, 그 밖에 대부분은 순수한 민족
주의파 학생이었지요. 어쨌거나 당시 학내는 좌파가 압도적 다수
였으니까요……."

　야마우라의 말처럼 전국의 대학 캠퍼스는 좌파학생이 장악한 상
태였고, 우파학생이 움직이기 시작했다고는 해도 아주 미미한 움
직임에 지나지 않았다. 다만, 미미해도 활동의 시작을 알린 와세다
대학의 '유지회'는 스즈키 구니오를 의장에 앉히고 와세다 대학 학
생연맹(와학련)을 결성했다. 이는 머지않아 우파의 전국적 학생조
직인 일본학생동맹(일학동)으로 이어진다.

1966년 11월에 정식 결성된 일학동은 미시마 유키오나 무라마쓰 다케시와 같은 저명한 문화인의 지지를 받으며 '친미반공'에 철저했던 기존 우익과는 일선을 긋고 '신우익' 운동의 원류가 되었다. 또한 일학동의 일원은 미시마의 '방패회'에도 다수 참가했다.

즉, 일학동과 전국학협은 와세다 대학과 나가사키 대학에 우파 학생들이 등장한 후 그들의 움직임이 발단이 되어 탄생했다. 당시는 전공투 운동이 한창이던 시기로, 두 조직은 얼마 안 되는 우파 학생들이 활동하던 운동조직으로서 쌍벽을 이루었다.

전국학협 초대위원장 스즈키 구니오의 증언

스즈키 구니오는 과거 신우익단체인 '잇스이카이一水會' 대표와 고문을 역임했고, 근년에는 작가와 평론가로서 집필하는 등 폭넓게 활약하고 있다. 이미 전술한 바와 같이 그는 일학동의 전신인 와세다 대학 학생연맹(와학련)의 의장으로 선출되었고, 일학동과 함께 우파 학생운동의 쌍벽을 이룬 전국학협에서 초대위원장을 맡기도 했다. 스즈키 씨를 찾아가 물었더니 당시 일을 솔직하게 들려주었다. 다음은 스즈키 씨와의 인터뷰를 일문일답 형식으로 정리한 것이다.

"내 경우는 어머니가 생장의 집 활동을 열심히 하는 지우誌友(생장의 집은 기관지 등을 이용한 포교가 특색으로, 신자도 이렇게 불렀다. 자세한 내용은 후술)였습니다. 자식들에게 신앙을 억지로 강요하지는 않

있습니다만, 나는 전국 각지에서 열리는 연성회(생장의 집의 가르침을 배우는 강습회와 같은 것)에 참가하였고, 이곳저곳에 친구도 생겼습니다. 그러다 1963년 와세다에 입학했을 때, 도쿄 아카사카赤坂에 있는 생장의 집 학생도장에 들어갔습니다."

– 학생도장이란 무엇입니까?

"처음에는 어디서든 흔히 볼 수 있는 대학 기숙사나 향토회가 운영하는 기숙사 같은 것으로 생각했습니다. 지방에서 올라와 아는 사람이 없었는데 부모님이 '그러면 아카사카에 기숙사가 있으니 그곳이라면 안심'이라고 해서 들어갔습니다. 하지만 생각했던 곳과는 전혀 달랐지요. 그야말로 완전히 수행을 위한 곳이었습니다. 4년의 대학 생활 내내 철저하게 훈련하여 생장의 집 활동가로 키우는 곳이었어요."

– 구체적으로는 어떤 생활을 했나요?

"이른 아침부터 목검을 든 선배들이 두들겨 깨우면 정좌와 국기 게양, 체조, 청소 등 다양한 행사가 기다립니다. 밤에도 기도회, 학습회 등이 있고, 일요일이건 평일이건 생장의 집 행사에는 반드시 끌려갔습니다. 종교 이야기는 당연하고, 매일 기도회가 끝난 뒤에는 선배들에게 '이대로 가면 공산혁명이 일어난다거나 우리 애국자가 나서서 나라를 지켜야 한다'고 선동당합니다. 날마다 그런 이야기를 듣다 보면 나 자신이 마치 당장 출격하는 특공대원이 된 듯한 기분이 들어요."

– 그렇게 해서 투쟁을 시작한 스즈키 씨 일행은 와세다 대학에서 좌파 학생에 대항하는 우파 학생운동을 시작했습니다만, 같은 시기에 나가사키 대학에서도 전국학협으로 이어지는 운동이 일어났습니다.

"나가사키 대학이 강력했던 것은 생장의 집 사람들이 활동가로서 굉장히 우수했기 때문입니다. 사청동(일본사회주의청년동맹) 해방파가 장악했던 학생자치회를 빼앗았으니까요."

– 중심에 섰던 것은 가바시마 유조 씨와 안도 이와오 씨죠?

"예. 모두 생장의 집을 (전면에) 내세우지 않고, '무슨 무슨 연구회'라는 식으로, 말하고 보니 별로 좋은 느낌은 아닙니다만, 그렇게 위장해서 좌익에 대항하여 전국학협이라는 조직을 만들었습니다. 특히 나가사키의 그들은 다른 우파들처럼 그저 반대만 하는 것이 아니라 실제로 사람을 모으는 데 주력했습니다. 입간판을 세우고 회원모집 활동을 벌이는 등 매우 적극적으로 (운동에) 임했습니다. 나가사키 대학의 자치회는 (우파에게) 전설적인 존재가 된 것이지요.

그리고 우리도 그렇습니다만, 전공투 운동을 통해 많은 것을 배웠지요. 만약 전공투 운동이 없었다면, 그 후 '방패회'나 신우익도 존재하지 않았을 것입니다."

– 그 말씀은 무슨 뜻입니까?

"그때까지 우익은 조직운동에 대한 발상 자체가 없었습니다. 좌익에 대항하는 과정에서 '전단을 뿌린다'거나 '회원모집을 한다'거나 하는 활동을 배운 것입니다."

– 그런 우파학생들의 활동을 강력하게 지지한 것이 과거 생장의 집이었습니다만, 애초 생장의 집은 왜 현실정치에 진출하려고 했습니까?

"1960년대 중반부터 강한 위기감을 느끼기 시작했습니다. 60년대의 안보는 끝났고 다가올 70년대는 위험하다, 좌익이 혁명을 일으키려 한다, 종교란 본디 사람의 병을 치료하거나 정신의 안정을 추구하는 것인데 지금은 일본 자체가 위독하다, 일본이 위험하다면서……

그래서 신도들이 나서서 국회에 우리 대표를 보내 공산혁명을 저지해야 한다고 했습니다. 대학에서도 당시 학비인상에 반대하는 수업거부 운동을 벌였는데, 나도 학비인상에는 반대였습니다만, 그것은 소련과 중국의 지령을 받은 무리가 벌이는 일이니까 수업거부에 반대하라는 말을 들었지요. 나도 생장의 집에서 그런 식의 선동을 잔뜩 들었어요. 게다가 창가학회創価学会(일본 승려 니치렌이 주창한 불법佛法을 신앙의 근간으로 하는 종교―옮긴이)에 대한 공포심도 한몫했다고 생각합니다."

－그 말씀은?

"당시 창가학회에서 공명당을 창당했는데, 그 기세가 대단했어요. 나중에는 창가학회가 일본의 국교가 되는 게 아니냐는 말까지 나돌았어요. 그에 대한 공포심과 경쟁심에서 여러 종교단체가 정치단체를 조직하거나 정치가를 후원하기 시작했습니다. 그래서 생장의 집이 생정련(생장의 집 정치연합)을 조직한 즈음에 신사본청도 정치연맹을 조직했어요. 종교단체는 선거 때면 놀랄 정도로 똘똘 뭉칩니다. 합법적인 전쟁 같은 것이니까요……."

창가학회에 대한 경쟁의식과 위기감

스즈키 씨 이야기에는 약간의 보충이 필요하다.

초대회장인 고 마키구치 쓰네사부로牧口常三郎 등이 1930년에 설립한 창가학회는 종전 후 1955년에 처음으로 지방의회 의원을 배

72

출했고, 이듬해인 1956년 참의원 선거에서 세 명의 의원을 당선시켰다.

그리고 1960년 이케다 다이사쿠池田大作가 제3대 회장에 오르자 정계 진출의 방향성을 더욱 강화하여 이듬해인 1961년에 '공명정치연맹'을 결성하였고, 1964년 11월에는 공명당 창당대회를 개최하여 수많은 의원을 일거에 정계로 진출시켰다. 그 기세가 얼마나 대단했는지는 직후에 치러진 주요선거에서 공명당 소속으로 당선된 의원 수만 보더라도 충분히 짐작할 수 있을 것이다.

1965년 7월 4일에 치러진 참의원 선거에서는 11명이 당선했고, 같은 해 7월 23일에 있었던 도쿄도의원 선거에서는 23명이 당선했다. 1967년 1월 중의원 선거에서는 25명이 당선, 1969년 12월 중의원 선거에서는 47명이 당선하여 공명당은 제3당으로 부상했다.

당시 기세를 보면, 생장의 집을 비롯한 경쟁 종교단체들이 심각한 위기감을 느낀 것은 당연하다. 자세한 내용은 뒤에서 설명하겠지만, 스즈키 씨의 말처럼 다니구치 마사하루가 이끄는 생장의 집은 1964년 8월, 정치결사로서 생장의 집 정치연합(생정련)을 결성하여 본격적으로 정계에 진출했다. 일본의 종교단체 중에서는 압도적 보수의 본류인 신사본청이 1969년 신도정치연맹(신정련)을 결성하여 자신들의 뜻에 부합하는 정치가를 키우고 지지하는 활동을 시작했다.

신사본청을 핵심으로 하는 신도 신사계는 현재의 일본회의를 지탱하는 큰 축이라 할 수 있는데, 신정련에는 그 주장에 찬성하는 초당파 국회의원들로 이루어진 신정련 국회의원간담회 또한 존재하여 정계에 은은한 영향력을 행사한다. 이에 관해서는 새로운 장에서 설명하기로 하고, 다시 스즈키 구니오 씨의 증언으로 돌아간다.

－그렇게 해서 생장의 집은 1964년에 생정련을 조직합니다만, 와세다 대학 학생이던 스즈키 씨 일행이 속한 생학련(생장의 집 학생회전국총연합)은 그 하부조직입니까?

"아닙니다. 생장의 집은 생장의 집의 진리를 기반으로 하면서도 다양한 분야에서 활약해야 한다고 생각했습니다. 그래서 정치가 모임이 생정련이고, 그 밖에 예술가 모임이나 교육자 모임도 있었습니다. 대학생은 생학련, 고등학생은 생고련(생장의 집 고교생연맹)이 있었고, 각각이 일단은 독립된 조직이었습니다."

－그렇군요. 생학련이나 생고련은 전공투 운동에 대항하기 위해 활동했던 것이고, 지금 생각하면 실로 뛰어난 우파활동가를 배출한 셈이네요. 사무총장으로서 현재 일본회의를 이끄는 가바시마 유조 씨가 그 대표적인 인물이지요.

"예. 지방의회에도 그런 사람들이 많았어요. 학자 중에는 헌법 문제와 관련해서 오랫동안 활약 중인 모모치 씨가 그렇지요."

－일본대 교수인 모모치 아키라 씨 말씀이군요. 집단자위권 행사의 허용을 단행한 아베 정권의 안보 관련 법제에 대해 합헌을 주장한 소수 헌법학자 중 한 사람입니다. 일본회의 국회의원간담회의 중요 멤버 중에도 예를 들면 아베 정권의 총리 보좌관으로서, 총리의 브레인으로 불리는 에토 세이치 참의원 역시 오이타 대학에서 전국학협 운동에 참여했습니다.

"그 외 다카하시 시로 씨도 있습니다. 내가 생장의 집 학생도장에 머물던 4년 동안 그도 함께였습니다."

– 일본회의 임원이면서 전통적인 가정관을 주장하는 '오야가쿠親学'의 제창자인 메이세이 대학의 교수 다카하시 시로 씨 말씀이군요. 그 밖에도 많습니다. 일본회의 정책위원으로, 아베 정권의 브레인이라는 이토 데쓰오 씨도 있습니다.

"일본정책연구센터의 이토 씨요. 그의 형이 생장의 집 본부에 근무했습니다. 나도 그 형님에게 여러 가지를 배웠지요……."

일본회의의 큰 뿌리, 생장의 집

여기에서 다시 한 번 보충하고자 한다.

일본회의와 그 주변에 존재하는 생장의 집 출신자들에 관해서는 앞장에서도 유사한 정보를 기술했지만, 개인의 신앙이나 종교적인 속성은 본디 그 자체를 비판하거나 시비를 논할 사항이 아니며 정보 자체를 매우 조심스럽게 다뤄야 한다.

그러나 한편, 전후 일본의 우파운동이나 일본회의의 실태를 검증하는 데 있어 생장의 집과 신자들의 구체적인 움직임은 빠뜨릴 수 없는 정보이므로, 이와 관련한 기술은 충분히 공익성이 있다고 나는 생각한다. 여기서 기술한 내용은 이미 대부분이 공개된 정보이며, 이 밖에도 전후 일본의 우파운동이나 일본회의 내부와 주변에는 실제로 생장의 집 출신자가 많다.

나아가 전후 일본의 우파운동 그리고 생장의 집과의 관련성을 말하자면, 미시마 유키오의 '방패회'에 참가했으며 1970년 육상자위대 이치가야 주둔지에서 미시마와 함께 자살한 모리타 마사가쓰

森田必勝, 그리고 1960년에 일본 사회당 위원장인 아사누마 이네지로浅沼稲次郎를 살해한 야마구치 오토야山口二矢도 생장의 집을 이끄는 다니구치 마사하루의 사상에 깊이 공명했다고 알려졌다. 또한 일본 보수 정계의 다수 중진도 다니구치 사상의 신봉자였다.

이처럼 생장의 집은 전후 일본의 우파운동에 깊은 발자국을 남겼고, 이 책의 주제인 일본회의 역시 예외는 아니다. 스즈키 구니오의 인터뷰로 돌아가자.

– 스즈키 씨에게 생장의 집은 어떤 존재입니까?

"당시 우리 우파학생들은 생장의 집을 '종교'라기보다는 '애국운동을 하는 곳'으로 생각했습니다. 하지만 아시는 바와 같이 생장의 집은 훨씬 전부터 정치활동에 일절 관여하지 않았습니다."

– 네, 그런데도 학생 시절 생학련 등에서 활동하던 이들이 지금도 정치활동에 열성적으로 나서는 까닭은 무엇일까요?

"모두 너무 착실해서 그래요. 특히 현재 일본회의에 참여하는 생장의 집 출신자들은 하나같이 고지식할 정도로 착실해요. 그들 대부분이 부모가 생장의 집 신도고, 부모의 권유로 고교생이나 대학생 연성회에 들어갔으니 모두 효심이 깊다고 할 수 있어요. 보통은 부모에게서 종교단체 모임에 가라는 말을 들으면 반발하기 마련이잖아요. 그런데 군말 없이 부모 말을 들었다는 건데 역시 모두 성실하고 착했기 때문일 것입니다. 그래서 자민당 분들도 좋아하는 겁니다.

게다가 그들은 사무 능력이 뛰어났어요. 대체로 우파활동가는 사무 능력이 없거든요. 그런 점에서 그들(생학련 출신자)은 학생 시절에 익힌 노하우가 있습니다. 가바시마 씨 같은 분이 그 전형적인 예지요. 다만, 종교단체의 별동대처럼 여겨지는 것에 모두 상당히 예민했지요. 그것은 가바시마 씨 무리도 그랬습니다."

– 어째서입니까?

"그렇잖아요, 종교단체라고 하면 아예 처음부터 별종으로 취급하니까요. 그래서 생장의 집 출신이라는 사실을 잘 밝히지 않았어요. 하지만 역시 생장의 집은 컸어요. 일본의 전후 우파활동 속에서 차지하는 자리가 커요."

– 그렇습니다. 실제로 가바시마 씨 등이 중심이 되어 만든 생장의 집 계열의 전국학협이 있고, 그 파생단체가 지금도 일본회의를 지탱합니다. 이를 통해 일본회의의 원류 역시 생장의 집이라고 볼 수 있지 않을까 합니다만.

"예, 나도 그렇게 생각합니다. 일본회의의 큰 뿌리는 생장의 집이라고."

다니구치 마사하루의 재능과 수완

1930년에 생장의 집을 창설한 괴인물, 다니구치 마사하루는 본래 데구치 나오^{出口なお}가 제창한 오모토교^{大本教}의 신자였다. 본명은 다니구치 마사하루^{谷口正治}. 1893년 11월에 효고 현 야타베 군 도리하라무라^{兵庫県八部郡鳥原村}(현 고베 시 효고 구^{神戸市兵庫区})에서 태어났다. 현지 중학을 거쳐 와세다 대학 영문과 예과에 진학했지만, 본과에 진학하고 얼마 안 있어 중퇴하고, 방적 공장에서 일하다가 오모토교에 들어갔다.

　와세다 대학 예과 시절에는 나오키 산주고^{直木三十五}, 아오노 스에기치^{青野季吉}, 사이죠 야소^{西條八十}와 같은 저명한 문필가와 동기였다. 다니구치 자신도 글재주가 있었던지 오모토교에서 기관지 편집에 두각을 나타냈다. 하지만 곧 오모토교에서 탈퇴하고 생계를 위해 1929년에 개인잡지《생장의 집》을 발간하는데, '질병 치유'와 '인생고 해결'에 효과가 있다는 평판이 돌면서 구독자를 늘리더니 순식간에 궤도를 탄다.

　그 경위와 배경에 관해서는 평론가인 고 오야 소이치^{大宅壮一}가 1955년,《문예춘추^{春秋}》에 발표한 〈다니구치 마사하루론〉에 흥미롭게 나타나 있다. 이 글에서 오야는 그다운 조롱 가득한 필치로 다니구치라는 인물과 생장의 집의 본질을 꿰뚫는다. 일부를 인용하면 다음과 같다.

> 돈을 벌려고 해도 그(다니구치 마사하루 — 인용자 주)로서는 문필에 의존하는 수밖에 없다. 그것도 지금까지의 경험에 비추어 가끔 단행본을 출간하는 정도로는 생활이 안정되지 않는다. 개인잡지 형식을 빌려, 하고 싶은 말을 마음껏 써서 일정 수의 팬을 확보하고 이를 조금씩 늘려가는 것이 가장 확실하고 영속성 있는 돈벌이 방법이라고 생각했다.
>
> 그가 개인잡지를 창안한 것은 처음부터 약간의 팬이 있었기 때문이다. 오모토교에 있을 무렵 그는 '편지 포교'라는 일을 담당했다. 이는 각종 명부를 바탕으로 가능성이 엿보이는 인물을 표적 삼아, 지금까지 당신의 삶 가운데 흥미 있는 이야기가 있으면 세상에 발표하고 싶으니 알

려달라고 편지를 보내는 것이다. 조금이라도 어느 지위에 오른 사람은 누구든 자신의 과거를 말하고 싶은 욕망이 있으므로 감격해서 곧바로 답장을 보낸다. 그러면 상대가 보낸 이야기에 감상을 써서 다시 보낸다. 이런 방법으로 편지를 주고받는 동안에 상대방을 유인하여 신자로 만드는 것이다. 대체로 남자는 군인, 여자는 미망인이 이 방법에 잘 넘어간다.

오모토교에서 이 일에 오랫동안 종사한 다니구치는 그 요령을 잘 알았고, 오모토교의 신자를 빼돌려 다니구치 개인의 팬으로 만드는 사례도 적지 않았다. 이는 기존에 속해 있던 종교에서 독립하여 일파를 세울 때 늘 사용하는 수법이다.

이처럼 일개 샐러리맨의 생계를 위해 어쩌어쩌해서 시작된 개인잡지 《생장의 집》은 점차 생장生長, 즉 오래 살아남아 1934년 9월에는 자본금 25만 엔의 주식회사 광명사상보급회光明思想普及會로 새롭게 발족하기에 이른다.

(모두 오야의 〈다니구치 마사하루론〉에서 발췌)

따라서 생장의 집은 창설 이후 한동안 스스로 종교단체로 자리매김하지 않고 '교화단체'로 칭했다. 회원도 '신자'가 아니라 '지우'로 불렀다. 전쟁 전의 종교단체법에 의거하여 종교단체가 된 것은 1940년의 일이다. 어디까지나 주식회사로서 다니구치가 설립한 광명사상보급회는 잡지 《생장의 집》 외에 《시로하토白鳩》 《히카리노이즈미光の泉》, 종합잡지 《이노치いのち》 등 여러 종류를 발행하고 신문에 큰 광고를 실어 '지우'를 급속히 늘려갔다.

특히 전시 중에는 전쟁수행을 전면적으로 찬양하면서 교세를 확대해나갔으며, 기관지 발행 부수는 80만 부를 돌파했다. 또한 생장의 집의 공식발표에 따르면, 전후 교세가 정점에 달했을 때는 '지우' 수, 즉 신자 수가 300만 명을 넘었다고 한다. 그중에서도 다니구치의 대표저서인 《생명의 실상》은 엄청나게 팔려나가 이 또한 생장의 집에 따르면 현재까지 총발행 부수가 1,900만 부에 달한다고 한다.

다시 말해 기관지나 출판물을 계속 발행하여 신자에게 판매함으로써 큰 돈벌이를 하는 종교적 수법, 오늘날 신흥종교단체의 상투적인 수법을 한발 앞서 확립했다는 점에서 괴인물 다니구치 마사하루의 재능과 종교경영의 수완은 대단하다고 해야 할 것이다.

또한 대다수 신흥종교단체가 신적 존재로서의 교조를 내세우는 가운데 다니구치는 일단 글재주가 있는 인텔리였고, 출판종교라는 교단의 성격상 신자 중에 일정 이상의 지식층이 많았던 것도 특징이라면 특징이었다. 이 점은 생장의 집에서 열성적인 정치활동가를 배출한 하나의 요인이라고 할 수 있다.

생장의 집의 교의를 아주 간단히 말하면 '만교귀일萬敎歸一'. 모든 올바른 종교는 본디 유일한 신에게서 비롯돼 시대와 지역에 따라 다양한 종교로 발전하여 진리를 주장해왔지만 그 근본은 하나라는 것이다. 이와 같은 논리 아래 불교, 신도, 유교, 기독교부터 심령학, 심지어 미국의 신사상과 크리스천 사이언스, 프로이트의 정신분석까지 뒤섞어놓았다. 그래서 오야 소이치는 앞서 언급한 〈다니구치 마사하루론〉에서 생장의 집을 '칵테일 종교', '종교백화점'이라고 야유했다.

이에 대해 생장의 집이나 다니구치 측은 '백화점에는 시장의 가

게에서 파는 상품보다 훨씬 질 좋은 일류상품을 진열하듯이 생장의 집은 진리 중에서도 순수하고 뛰어난 진리만을 골라 진열한다'거나 '백화점에는 좋은 상품들이 모여 있다. 그런 것처럼 생장의 집에는 각 종교의 진수만이 결집하였다'고 주장했다. 이에 대해서도 오야는 "스스로 '백화점'이라는 사실을 인정하면서 다른 종교는 전문점, 아니, '시내의 가게'로 취급한다"고 비꼬았다.

그리고 뭐니 뭐니 해도 '질병 치유'와 '인생고 해결'이야말로 생장의 집이 신도들을 늘리는 최고의 수단이었다. 이를 뒷받침한 것은 다니구치의 저서 《생명의 실상》이나 《감로의 법우甘露の法雨》에 기록된 다음과 같은 독특한 '이론'이다.

> 물질은 필경 없는 것이라. 그래서 물질은 그 자신의 성질이 없느니라.
> 여기에 성질을 주는 것이 있으니 그것은 오직 마음이라.
> 마음에 건강을 생각하면 건강이 나타나고
> 마음에 병을 생각하면 병이 생기느니.
> 물질은 없다.
> 우리가 병에 걸렸다는 것은, 우리가 병에 걸렸다는 생각의 파동을 보내는 상태일 뿐이다.
> 여기에는 그저 '건강한 관념' 또는 '질병의 관념'만 있을 뿐이다.

이에 덧붙여 다니구치는 '병적인 사상이 사라지면 병이 사라진다. 병이 사라지면 병을 치료하는 데 들어가는 모든 비용이 사라진다'고 주장하며, 다음과 같이 호소한다.

내 글을 읽는 자는 생명의 실상을 알기 때문에 모든 병이 사라지고, 죽음을 넘어 영원히 살 것이다.

즉, 다니구치의 저서를 열심히 읽기만 하면 병이 나을 것이며 이것이야말로 기적적인 신앙의 치유라는 '논리'로, 실제로 병이 나았다는 신자가 쇄도하여 교세가 급속히 확장했다고 한다. 하지만 내가 이 책을 쓴 목적은 생장의 집의 이러한 교의를 분석하거나 논평하거나 비판하거나 그런 어처구니없는 주장을 야유하기 위해서가 아니다.

따라서 생장의 집의 성립과정이나 종교적 교의에 관한 이야기는 이쯤 하기로 하고, 전후 일본의 우파활동과 일본회의의 '원류'라 할 수 있는 다니구치의 정치사상과 생장의 집의 정치활동에 관해 살펴보기로 하자.

'천황국 일본'은 세계최대의 문화적 창작

그러나 방대한 수의 저작물을 남기고 수많은 보수 인사에게 영향을 미친 다니구치의 정치사상을 한마디로 정의하기는 어렵다. 이런 가운데 다니구치의 정치사상의 이력에 관해서는 현재 다이쇼 대학大正大學 문학부 교수인 종교학자 데라다 요시로寺田喜朗가 2008년에 발표한 논문 〈신흥종교와 자민족 중심주의: 생장의 집의 일본 중심주의의 변천을 둘러싸고〉(2008년 3월, 《동양학 연구》 45호)에 일목요연하게 정리되어 있으니 참고할 만하다.

전술한 것처럼 다니구치가 이끄는 생장의 집은 전쟁 이전부터 전시에 걸쳐 군부의 전쟁수행을 전면적으로 찬양하고 협력했는데, 이 또한 교세 확장에 큰 발판이 되었다. 생장의 집과 다니구치 정치사상에 뿌리 깊게 자리하는 자민족 중심주의＝민족 중심주의의 형성과정에 초점을 맞춘 데라다의 논문에 따르면, 1930년 생장의 집이 창설되고 나서 '종교양식의 성립기'라 할 수 있는 전쟁 이전 시기까지 교단의 교의나 다니구치의 가르침 속에는 자민족 중심주의의 색채를 크게 찾아보기 어렵다. 기껏해야 다니구치의 저서인 《생명의 실상》 속에 '황은에 감사하라'는 기술이 있는 정도였다.

다만, 다니구치가 오모토교 시절에 출간한 처녀작 《황도령학강화皇道霊学講話》(1920년) 속에는 '전 세계 인류가 행복하게 인간다운 삶을 살아가려면, 날 때부터 신이 지도자로 정한 일본 황실이 세계를 통일해야 한다. 이는 일본 자신을 위한 것이 아니다. 전 세계 인류의 영원한 행복을 위해 필요한 일이다', '시작부터 일본은 세계의 지도국이며, 일본인은 세계의 지배자로서 신에게 선택받은 거룩한 백성이다'처럼 침략전쟁을 정당화하는 발언이 있다. 데라다에 따르면, 본래 다니구치 사상에는 자민족 중심주의가 뿌리내렸으며, 이 자민족 중심주의가 전시 중의 '교단 발전기'에 이르러 전면적으로 전개되었다고 한다.

예를 들어 미일전쟁이 임박했던 1940년, 기관지 《생장의 집》 9월호에 게재된 다니구치의 논문은 다음처럼 압도적인 '천황 신앙'을 신자들에게 호소한다.

천황으로 향하는 길이야말로 충忠이라. 충은 천황에게서 흘러나와 천황으로 돌아간다.

천황을 우러르고, 천황에게 귀일하여 나를 버리는 것이 '충'이라.

모든 종교는 천황에게서 시작된다. 대일여래도, 예수 그리스도도 천황에게서 시작되었다. 이는 하나의 태양에게서 일곱 색 무지개가 생기는 것과 같다. 각 종교의 본존만을 예배하고, 천황을 예배하지 않는 것은 무지개만을 예배하고, 태양을 알지 못하는 것과 같다.

모든 종교의 시조는 나팔에 불과하니, 우주의 대교조는 천황뿐이라.

이 밖에도 미일전쟁 후에 간행된 다니구치의 저작에는 '대일본제국은 신국이며, 대일본 천황은 절대적인 신, 대일본민족은 그 적자라'와 같은 열광적인 주장을 수시로 찾아볼 수 있는데, 생장의 집은 1942년 육군과 해군에 전투기를 헌납하고, 1944년에는 도쿄 아카사카의 본부 도장까지 군에 헌납할 정도였다.

그래서 전후 한때 다니구치는 GHQ(연합국군 최고사령관 총사령부)로부터 집필을 금지당하기도 했다. 다니구치의 이러한 가르침과 교의는 전후 다소 억제되어 얼마간 수정되었지만, 데라다 논문은 다니구치 정치사상의 전체적인 이력을 다음과 같이 총괄한다.

다니구치 마사하루는 철저한 반공 애국주의자로서, 천황으로 집약되는 일본문화의 우위성, 그리고 대동아전쟁의 의의를 찬양하는 발언을 반복해왔다. 또한 가정의 가치관을 비롯해 일본의 전통질서, 야마토大和 정신으로 정형화한 일본적인 것을 찬양하며, 일본인으로서의 자부심을 고무하는 주장을 해왔다.

다니구치의 정치사상에 관한 이런 문장은 전후 발간된 여러 권의 저작에서 숱하게 찾아볼 수 있다.

예를 들어 1969년에 다니구치가 이끄는 생장의 집이 정치결사인 생정련을 결성하고 얼마 안 되어 출판한《점령헌법 하의 일본占領憲法下の日本》(일본교문사)에는 작가인 미시마 유키오가 쓴 추천사 부분에 다음과 같은 문장이 여기저기 빈번하게 등장한다.

> 천황국 일본은 일본민족이 만들어낸 세계최대의 문화적 유산이며, 이보다 위대한 예술은 다른 어느 곳에서도 찾아볼 수 없다는 사실을 알고, 이 나라를 존중하기 바란다.
>
> 진무 천황神武天皇 건국 이래 2,600여 년 동안 끊임없이 천황을 통치의 주권자로 계승해온 건국의 이상과 전통을 일거에 무너뜨린 점령군의 힘에 의해 '주권은 국민에게 있음을 선언한다'는 주장이 제기됐으며 그런 주장을 거침없이 반영한 헌법은 지금도 통용되고 있다.
>
> 바야흐로 이제 보수 정권이 자각하지 않는다면, 메이지 유신으로 보수 정권인 도쿠가와德川 정권이 붕괴했듯이 보수 정권인 자민당 정권이 무너지고 마르크스주의를 좇는 정권이 수립되어 일본은 큰 혼란에 빠질 것이다. (중략) 그러나 오직 한 가지, 자민당 정권이 기사회생할 길이 있다. 그것은 (중략) 천황에게 정권을 봉헌하는 것이다. 즉 '주권은 국민에게 있음을 선언한다'는 현행 점령헌법의 무효를 폭로할 시기가 도래했음을 선언하고, '국가통치의 대권은 천황인 내가 선조로부터 계승하였으며, 또한 내 자손에게 물려주어야 한다'(제국헌법 포고문)고 선포한, 본디 일본민족의 국민성 전통에 따른 국가형태로 돌아가야 한다.

(모두《점령헌법 하의 일본》에서 발췌, 원문 그대로 인용)

정계에 포진한 다니구치 마사하루의 신봉자들

국민주권의 철폐와 천황 주권. 현행 헌법의 파기와 메이지 헌법 체제로의 회귀. 한 번 읽어 보기만 해도 알 수 있듯이 아찔할 정도로 복고적이고 열광적인 주장이다. 이러한 정치사상과 다니구치의 가르침은 전후 일본 우파에 면면히 계승되었으며, 우파계 문화인뿐만 아니라 정계 주류의 여낭 산부, 재계 인사들도 이를 폭넓게 신봉해왔다.

다니구치 신봉자로서 대표적인 문화계 인사는 미시마 유키오인데, 미시마는《점령헌법 하의 일본》에 게재한 추천사에서 다니구치를 다음과 같이 극찬하고 있다.

다니구치 마사하루 선생의《생명의 실상》은 내가 어렸을 때 늘 몸져누워 있던 조모의 머리맡을 차지하고 있었다. 찬란한 빛 가운데 생명이 싹을 틔우는 그 상징적인 디자인은 어린 나의 뇌리에 각인되었다.

그로부터 40년, 갑자기 다니구치 선생을 따르는 이들과 만나게 되었다. 얼마 전에는 자위대 입대체험 활동을 펼치던 내 모임에 '생장의 집'의 가르침을 믿는 두세 명의 학생이 들어와서 그들과 친해질 기회가 생겼다. 그들은 모두 밝고, 진지하고, 정직한 데다 인품이 뛰어나고 투지가 넘쳤으며 오늘날 보기 드문 훌륭한 청년들이었다. 그리고 "만약 일본에 공산혁명이 일어난다면 자네들은 어떻게 하겠는가?" 하고 내가 물었을 때 "목숨 걸고 싸워야지요" 하는 그지없이 호쾌하고 명쾌한 답변이 돌아왔다. 이 정도로까지 각오한, 이토록 밝은 성격의 청년들이 어떻게 태어났을까? (중략)

그들은 다니구치 선생에게 절대적인 순종과 존경을 품고 있다. 나는 다니구치 선생의 놀라운 영향력과 감화력, 세대의 벽을 넘어선 사상과 그 정신의 힘을 인정하지 않을 수 없었다. 우리가 아무리 논리적으로 청년을 설득해도 소용없는 것이다.

(원문 그대로 인용)

또한 중앙정계에서 다니구치 사상에 심취한 대표적인 거물 정치가라고 하면, 하토야마 이치로鳩山一郎를 들 수 있다. 하토야마는 1954년부터 약 2년 동안 일본 총리로서 정권을 이끌었고 일·러 국교회복 등을 이루었지만, 총리 자리에 취임하기 전에 뇌출혈로 쓰러져 투병 생활을 해야 했던 시기가 있었다.

이때, 하토야마는 다니구치의《생명의 실상》을 열심히 읽고 감명받았던지 나중에 다니구치와 공저 형태로 교단 팸플릿에 가까운《위기에 선 일본을 구하는 길危機に立つ日本－それを救う道》이라는 저작을 발표했고, 심지어는《생명의 실상》을 '새로운 시대의 바이블'이라며 절찬할 정도였다. 앞서 등장한 오야 소이치의 〈다니구치 마사하루론〉도 이를 거론하며 다니구치와 하토야마를 다음과 같이 신랄하게 비아냥거렸다.

'신의 일'은 한 번 재미를 붙이면 멈출 수가 없다(중략). 인간의 무지와 맹점이 존재하는 한, 그 위에 자리를 깔고 앉아 있기만 하면 된다. 빠져나가는 이가 있는가 하면, 그를 대신해서 속속 새로운 호구도 찾아온다.

가장 최근의 호구는 누가 뭐라 해도 하토야마 이치로다. (중략) 다니구치와 하토야마의 공저 《위기에 선 일본을 구하는 길》이라는 팸플릿까지 등장해, 하토야마는 '생장의 집'의 선전에 100퍼센트 이용되고 있다.

(원문 그대로 인용)

뜻밖의 사실은 온건파로 알려진 전 총리 미키 다케오三木武夫도 자민당 간사장 시절인 1964년 생장의 집이 생정련(생장의 집 정치연합)을 결성했을 때, 그 기념식에 참석하여 축사하는 등 다니구치와 가까운 관계였다는 점이다. 생전의 미키를 알던 자민당의 전 참의원 등에 따르면, 학생 시절에 폐병을 앓았던 미키는 다니구치의 《생명의 실상》을 읽고 크게 감명받았다고 한다.

정계의 우파로 자리매김한 거물 정치가 중에는 전 총리 나카소네 야스히로中曽根 康弘가 다니구치를 신뢰했던 듯하다. 행정관리청 장관 시절이던 1982년 5월, 참의원 위원회의 답신에 다음과 같이 말하고 있다.

"나는 지금까지 민족이 지닌 근원적인 에너지를 매우 중요시해 온 사람입니다. 그래서 생장의 집이라는 것은, 《생명의 실상》 등을 읽어봐도 기독교나 불교 혹은 신도를 융합한 하나의 가르침을 새롭게 전개한 것으로, 그 배후에는 역시 하나의 생명철학이라고 할까, 그와 가까운 것이 존재한다고 생각합니다."

나카소네의 아내도 생장의 집의 활동에 깊이 관여했던 것 같다. 다만, 이러한 사실은 살짝 조심하면서 받아들여야 할 필요가 있다. 강력한 득표력을 눈앞에 둔 정치가가 종교단체와 가까워지거나 표심을 의식한 언행을 하는 일은 자주 있기 때문에 그것이 어디까지 진심인지를 알아내기 어려울 뿐만 아니라 그리 의미도 없다.

실제로 나카소네 총리가 총재로서 여당인 자민당을 이끌던 시기, 선거에 출마할 공인후보 선정을 둘러싸고 생장의 집에 매우 냉담한 태도를 보이면서 생장의 집이 정치와 거리를 두는 계기가 되기도 했는데, 이는 뒤에 다시 언급하기로 한다.

이 밖에 최근 중앙정계에서 다니구치 신봉자임을 공언하는 인물로는 역시 일본회의 멤버나 관계자가 압도적으로 많다. 대표적 인물로는 일본회의 국회의원간담회 회장을 맡은 중의원 의원 히라누마 다케오, 생학련 출신인 에토 세이치, 현재 자민당 정조회장 자리에 있는 중의원 의원 이나다 도모미稻田朋美 등이 있지만, 이 또한 새로운 장에서 다루기로 하자.

생장의 집 정치연합

다니구치 마사하루가 이끄는 생장의 집이 정치결사인 생정련을 결성하고 정식으로 정계 진출을 선언한 것은 1964년 8월 28일이었다. 《요미우리 신문讀売新聞》의 기자를 거쳐 정치평론가가 된 고 도가와 이사무戸川猪佐武가 1976년에 월간 《호세키寶石》 잡지에 게재한 논문 〈생장의 집: 잡다한 종교백화점〉(같은 해 5월호)

에 따르면, 생정련을 결성할 때의 주요 슬로건은 다음과 같다.

- 우리는 '생명의 실상'의 원리에 따라, 조국의 구원을 위해 하나
  가 되어 굳게 단결하고 함께 행동한다.
- 우리는 굴욕으로 가득한 현 헌법을 배제하고, 자주헌법 제정
  을 향해 국민운동을 전개한다.
- 우리의 대표를 국회와 지방자치체에 보내어 정계를 정화하자.
- 우리는 생명존중 운동을 강력히 추진하고, 우생보호법을 개정
  하자.
- 우리는 편향교육을 바로잡고, 이념에 사로잡힌 교육계를 쇄신
  하여 일본인으로서 자각하는 청년을 육성하자.

이 가운데 '생명의 실상'이나 '생명존중 운동' 같은 생장의 집 특
유의 주장을 제외한, '자주헌법 제정'이나 '편향교육의 시정' 등은
지금도 여전히 계속되는 일본 우파운동의 정치목표와 완전한 판박
이라 할 수 있다.

생정련은 결성 이듬해인 1965년 7월에 치러진 참의원 선거에서
곧바로 자신들이 지지하는 참의원을 탄생시키는 데에 성공한다.
자민당 공인후보로 출마한 다마키 가즈오玉置和郎를 전면 지원하여
85만의 득표수를 얻음으로써 전국구에서 제3위로 당선시킨 것이
다. 이 선거에서 생장의 집은 그 밖에도 생정련이 추천하는 형태로
지역구의 자민당 공인후보를 17명 추천하여 13명을 당선시켰다.

1장에서 소개한 전 참의원 무라카미 마사쿠니는 당시 다마키 가
즈오의 의원비서로 활동했는데, 그 자신도 생장의 집의 지원을 받

아 1980년 참의원 선거에서 당선되었다. 무라카미는 다마키의 초선 당시 상황을 다음과 같이 회고했다.

"다마키는 아무튼 생장의 집에서 열심히 도왔어요. 나도 생정련에서 열심히 활동했습니다. 다마키가 처음 당선됐을 때 득표수는 대부분 생장의 집 표였습니다. 다마키의 고향은 와카야마입니다만, 그 표는 4~5만밖에 없었을 겁니다. 거의 전부가 생장의 집 표였습니다."

무라카미의 증언이 사실이라면, 생장의 집은 당시 전국에서 80만 표 이상을 움직일 수 있었다는 뜻이 된다. 자민당도 거대득표집단으로서 신흥종교단체인 생장의 집을 중시했고, 다마키 가즈오나 무라카미 마사쿠니 같은 정치가를 배출한 생정련은 정계 영향력을 급속히 키워갔다.

생장의 집, 정치와 단절선언

그런데 생장의 집은 정계에 진출한 지 불과 2년이 지나지 않은 1983년, 갑자기 돌변하여 정치와의 모든 관계를 끊는다고 선언하며 충격을 주었다. 그해 8월에는 생장의 집 본부에서 각 지방조직으로 다음과 같은 통지가 날아들었다.

• 생정련은 해산한다.

- 향후 생장의 집은 일절 정치활동을 하지 않는다.
- 특정 후보의 선거운동을 지원하지 않는다.

이와 관련한 내용이나 경과를 상세히 기술하지는 않겠지만, 대체로 다음과 같은 이유에 따른 것이라고 한다.

우선 생장의 집이 지향하는 바와 정책의 불일치였다. 생장의 집은 생명의 존엄을 부정하는 행위라며 인공임신중절에 반대했다. 그래서 우생보호법(현 모체보호법)이 정한 중절 이유 중 경제조항은 반드시 삭제해야 한다고 호소하면서 법의 개정을 강하게 주장하고 있었다. 생정련을 결성하여 정계 진출을 도모한 것도 이를 꼭 실현하려는 의도였다고 한다.

따라서 생장의 집의 지원을 받아 참의원이 된 다마키 가즈오나 무라카미 마사쿠니는 다니구치 마사하루로부터 직접 지시를 받아, 국회에서 앞장서서 우생보호법 개정 운동을 전개했다. 선거 등에서 생장의 집의 지원을 받은 많은 자민당 정치가도 한때는 이에 호응하는 태도를 보였지만, 의료단체와 여성단체가 심하게 반발하자 이들 단체의 지원을 받은 자민당 내의 정치가와 크게 부딪쳤다. 결국 당내 혼란을 두려워한 자민당 집행부는 개정안의 '보류'를 간단히 결정해버렸다. 그러자 생장의 집 내부에는 '선거에 이용하기만 하고 우리의 뜻은 전혀 받아들이지 않는다'는 깊은 실망감이 퍼졌다.

생장의 집이 지원하는 정치가에는 다마키 가즈오와 무라카미 마사쿠니가 있었는데, 참의원에서 중의원으로 전직하고 싶었던 다마키는 고향인 와카야마에서 중의원 선거에 출마하기로 했다. 그러자 생장의 집은 1983년 6월에 시행된 참의원 선거에서 생장의 집 본부 직원이던 데라우치 히로코寺内弘子를 내세우기로 했다. 전임 다마키가 직전의 참의원 선거에서 100만 표 이상을 얻었기 때문에 데라우치가 자민당 비례대표 상위에 자리하는 것이 당연하다고 생각했지만, 나카소네 야스히로가 이끄는 자민당 집행부가 냉담한 태도를 보이자 명부 순위는 고작 21위에 머물게 된다.

그 결과 데라우치는 낙선하고 생장의 집 내부에는 원망의 소리가 높아졌다. '지금까지의 은혜를 원수로 갚는다' '보기 좋게 자민당에 이용당한 것뿐이다' 이런 반발이 들끓는 한편, '여성 후보를 내세운 것이 잘못이었다'는 내부비판까지 일면서 생장의 집은 혼란에 빠졌다고 한다.

이상 두 가지가 항간에 전해지는 '정치와의 단절선언'을 한 이유지만, 이 밖에 종교단체로서 생장의 집의 '세대교체'도 미묘한 영향을 미쳤던 것 같다.

생장의 집 창시자로 군림하던 다니구치 마사하루는 1975년 나가사키 현에 '규슈 특별 본산 총재 공저'를 짓고 거처를 옮겼다. 한편, 도쿄에서는 다니구치 마사하루의 사위인 다니구치 세초谷口淸超가 부총재로서 실무를 관리했는데, 이후 다니구치가 서거하자 제2대 총재에 오르게 된다. 생장의 집이 정치와의 단절선언을 발표한 것은 때마침 다니구치 세초가 도쿄에서 실무를 관리하던 즈음이다.

전 참의원 무라카미 마사쿠니의 말을 들어보면, 당시 교단 내부에 있었던 다양한 알력의 실상을 알 수 있다. 무라카미의 이야기다.

"그때, 다마키 가즈오가 참의원에서 중의원으로 옮기겠다고 한 것은 생장의 집과 관계를 끊겠다는 뜻이었습니다. 다마키는 과거에 생장의 집의 득표로 세 번이나 전국구에서 당선된 사람이었으니까요."

- 다마키 씨는 왜 그런 결단을 한 것입니까?

"결국에는 다마키와 생장의 집 사이에 메울 수 없을 만큼 큰 틈이 벌어진 탓이라고 해야겠지요. 직접적인 계기는 1982년 참의원 선거제도를 개혁하는 공직선거법 개정안이 성립됐기 때문입니다.

그 무렵 참의원의 전국구는 엄청난 자금과 노동력이 필요했기 때문에 전국구를 그만두고 비례구를 도입하려고 했습니다. 제도 개혁의 깃발을 흔든 것이 바로 다마키였습니다. 그런데 교단 측은 '다마키가 자기 이익을 위해서 일한다'고 오해했어요. 게다가 비례구의 명부 순위는 후보자가 획득하는 당원 수 등으로 정해지기 때문에 생장의 집의 지우(신도)를 자민당의 당원으로 등록해야 했습니다.

그리되면 생장의 집은 자민당의 하부조직이 됩니다. 이는 교단 측으로서는 조직의 근간과 관련 있는 문제였습니다. 그리고 또 한 가지가 있는데, 이후 교단의 제3대 총재가 되는 마사노부雅宣 씨가 다마키에게 느낀 불신감도 한몫했지요."

- 무슨 뜻입니까? 마사노부 씨는, 다니구치 마사하루 씨의 사위이자 제 2대 총재가 된 다니구치 세초 씨의 아들입니다. 현재는 제3대 총재로서 생장의 집을 이끌고 있습니다.

"마사노부 씨는 아오야마 학원 대학을 졸업하고 《산케이 신문産経新聞》의 기자가 되었습니다만, 지방지국 근무에서 본사 정치부로 금방 발령받지 못했습니다. 그런데 다마키의 입김으로 그리되었다는 오해가 있었던 것 같습니다. 마사노부 씨가 정치부에 와서 다마키의 동향이 전부 알려지면 곤란하니까 다마키가 압력을 가하는 것 아닌가, 하는 속된 이야기가 나도는 것 같다고 당시 다마키가 불평했습니다.

그런 가운데 마사노부 씨가 《산케이 신문》을 나와 교단으로 돌아갔고, 다마키와 저는 질책을 받았습니다. '왜 선거제도를 멋대로 바꾸었냐'고 하면서요. 우리는 열심히 변명했습니다만……."

– 그래서 생장의 집과 다마키 씨 사이에 결정적으로 틈이 벌어진 건가요?

"예. 마침 그때 다마키의 고향인 와카야마 2구의 후계자 이야기가 나와서 1983년 12월 다마키가 중의원 선거에 출마하여 당선했습니다. 그런데 같은 시기에 우생보호법의 개정안은 보류되었고, 6월 참의원 선거에서는 생장의 집이 다마키의 후계로 추천한 데라우치 히로코의 명부 순위가 낮아서 차점으로 낙선했습니다. 그러니 교단의 불신감은 더욱 커졌고, 생정련은 마침내 8월 15일 활동 중단을 선언했습니다. 생장의 집이 정치와 관계를 끊어버린 것입니다."

현 총재의 침략전쟁론과 노선변경

이후 종교단체로서 생장의 집은 현실정치와 모든 관계를 끊었으며, 이는 현재에 이르기까지 변함이 없다.

따라서 제3대 총재인 다니구치 마사노부가 이끄는 현재의 생장의 집은 현실정치에 아무런 영향력을 행사하지 않는다. 이는 일반적인 우파운동에 대해서도 마찬가지이며, 물론 일본회의의 운영이나 활동과도 무관하다. 오히려 최근 생장의 집은 '에콜로지'에 애쓰는 환경 좌파의 색채가 강하며 아베 정권의 움직임에는 비판적이기까지 하다.

실제로 이 책의 집필이 끝나갈 무렵인 2016년 6월 9일, 생장의 집은 갑자기 다음과 같은 문서를 공식 홈페이지에 게재하여 관계자들에게 큰 파문을 일으켰다.

> 오는 7월(2016년 7월 - 인용자 주) 참의원 선기를 눈앞에 두고, 본 교단은 아베 신조 총리가 취하는 정치 자세에 명확한 반대 의사를 표명하고자 '여당과 그 후보자를 지지하지 않음'을 6월 8일 본부 방침으로 결정하고 전국 회원과 신도에게 주지하기로 했습니다. (중략) 아베 정권은 민주정치의 바탕을 이루는 입헌주의를 경시하고, 후쿠시마 제1원자력발전소 사고의 참상을 반성하지 않고 원전 재가동을 강행함으로써 해외의 긴장을 높이고 원자력발전소 기술수출에 주력하는 등 우리의 신앙과 신념에 반하는 정책과 정치운영을 시행해왔기 때문입니다.
>
> 그동안 우리는 제2대 총재인 다니구치 세초 선생과 다니구치 마사노부 현 총재의 지도에 따라 시간을 들여 교단 운동의 올바른 형태와 역사 인식을 재검토하고 잘못된 점은 바로잡는 한편, 시대의 변화와 요청에 응하면서 운동의 형태와 방법을 바꿔왔습니다.
>
> 당 교단에서는 전 생장의 집 신자들이 냉전이 끝난 오늘날에도 냉전 시대의 창시자가 설파한, 이미 역사적 역할이 끝난 주장을 고집하며, (중략) 활동하는 점이 진심 부끄럽기 짝이 없다고 생각합니다. (중략)

일본회의가 주장하는 정치노선은 생장의 집의 현재 신념이나 방법과는 완전히 이질적인 것으로, 분명히 말해 시대착오적입니다. 그들의 주장은 (중략) 구세대의 정치론을 금과옥조로 여기는 편협한 이념에 빠져 있습니다. 종교적인 관점에서는 원리주의로 불릴 만한 것입니다. 우리는 이번에 일본 총리장관이 본 교단 전 신자들의 그릇된 정치이념과 시대 인식에 강한 영향을 받았음을 알고 있으며, 그들을 설득하지 못한 책임을 느끼는 한편, 일본이 다시 잘못된 길로 나아가지 않도록 아베 정권의 정치 자세에 명확히 '반대' 의사를 표명합니다.

현재 생장의 집이 이처럼 강한 어조로 아베 정권을 비판하고, 생장의 집 출신 우파활동가 등을 정면으로 비난하는 것에 나 역시 매우 놀랐다. 이를 생장의 집 출신 활동가들이 어떻게 받아들이고 향후 어떤 영향을 미칠지 현시점에서는 알 수가 없다.

그러나 생장의 집과 그 정치결사였던 생정련, 그리고 학생조직인 생학련 출신자들이 그 후 우파활동에 열성적이고, 현재까지 일본회의의 핵심과 주변에서 중요한 역할을 한다는 점 역시 의심할 수 없는 사실이다. 과연 그 이유는 무엇일까? 어떤 경위를 거쳐 그리 된 것일까? 계속해서 무라카미의 이야기에 귀 기울여보자.

"생장의 집이 정치와의 단절을 선언한 것은 충격적인 일이어서 그 여파가 종교계와 정계는 물론 민족파의 여러 단체와 국민운동 등에도 미쳤습니다. 극히 일부를 예로 들자면, 황궁의 일반 참하(궁중에 가서 축하의 뜻을 표함 — 옮긴이)가 있습니다."

– 매년 1월 2일과 천황 탄생일에 황궁에서 행하는 일반 참하 말입니까?

거기에 대체 어떠한 영향이?

"일반 참하 때는 많은 사람이 작은 일본기를 흔들어요. 대략 10만 개 내외입니다만, 그것을 조달하던 곳이 생장의 집이었습니다. 그런데 생장의 집이 앞으로는 참가하지 않겠다고 통지하자 생정련과 함께 활동해온 메이지 신궁이 꽤 당황했던 모양입니다. 결국 신사본청과 불소호념회 등에 연락해서 급하게 깃발을 조달했다고 합니다.

게다가 생장의 집은 크게 변해버렸습니다. 1985년에 다니구치 마사하루 선생이 서거하고 세초 선생이 2대 총재가 되자 마사노부 씨의 주도권이 강해졌습니다. 마사노부 씨는 다니구치 마사하루 선생의 교의마저 다르게 해석했습니다. 다니구치 마사하루 선생은 '대동아전쟁은 성전이며, 메이지 헌법을 복원해야 한다'고 호소했습니다만, 마사노부 씨는 메이지 헌법의 복원은커녕 헌법개정조차 주장하지 않았어요. 심지어 대동아전쟁이 침략전쟁이라고까지 말했습니다."

– 그 글은 나도 읽었습니다. 1990년대 들어서 생장의 집 청년층을 대상으로 발행하는 잡지 《이상세계理想世界》 등에 발표되었지요.

"그래요. 그러한 노선전환에 생정련과 생학련 등을 거점으로 활동하던 이들이 극렬히 반발했습니다. 다니구치 마사하루 선생의 가르침을 따르는 우수한 활동가가 많았으니까요. '일본을 지키는 모임'이나 '국민회의'의 사무국을 맡고 있던 가바시마 유조 씨, 후일 일본정책연구센터 소장으로 아베 총리의 브레인으로 불리게 되는 이토 데쓰오 씨, '새로운 역사교과서를 만드는 모임'의 부회장이 된 메이세이 대학 교수인 다카하시 시로 씨, 그리고 자민당 참의원으로 아베 총리의 보좌관이 된 에토 세이치 씨……

그들은 생장의 집 노선이 바뀌면서 교단에서 배제되거나 스스로 이탈했습니다. 그리고 정치나 교육이나 국민운동 등 각 분야에서 다니구치 마사하루 선생의 가르침에 따라 독자적으로 활동하기 시작했습니다."

일본회의의 실무진

1장에서 말한 것처럼 생장의 집이나 신사계 등 우파계 종교단체가 총결집한 것이 '일본을 지키는 모임'이었다. 이 '일본을 지키는 모임'이 결성된 직후에 추진한 것이 쇼와 천황의 '재위 50년 봉축운동'이었고, 곧이어 온 힘을 다한 것이 '원호법제화운동'이었다.

이 또한 뒤에서 상세히 언급하겠지만, 전쟁 전에는 원호가 황실규범으로 정해져 있었다. 그런데 전후에는 황실규범에서 삭제되어 원호의 법적 근거가 사라졌다. 따라서 원호를 법제화하자는 운동이 일었는데, 자민당 전 참의원 무라카미 마사쿠니에 따르면 '일본을 지키는 모임'이 결성되기 전부터 이 운동에 열심히 참여한 조직이 생학련과 일본청년협의회(청협)였다고 한다.

일본청년협의회는 1970년, 앞서 언급한 전국학협의 졸업생 등이 주축이 되어 결성하였다. 나가사키 대학 내의 운동 흐름을 이어받아 조직된 전국학협은, 기본적으로 생장의 집계 생학련 출신자들로 이루어져 있었다. 또한 일본청년협의회가 개편된 듯한 형태로 발족한 일본협의회도 여전히 존속하며, 사실 두 조직의 본부는 일본회의와 같은 도쿄 메구로 구 내의 빌딩에 있다. 즉, 일본청년협의회와 일본협의회는 일본회의 활동을 지지하는 실무진이다.

무라카미의 이야기를 이어가자.

"애초 청협 위원장을 맡은 것이 에토 세이치 씨였습니다. 서기장이 가바시마 유조 씨, 정책부장이 이토 테쓰오 씨였지요."

– 하나같이 생학련의 핵심 멤버였던 분들이군요.

"예. 그중에서도 가바시마 씨는 본디 나가사키 대학에서 학생운동을 했고, 전공투로부터 자치회의 주도권을 탈환한 경력이 있습니다. 그는 다니구치 선생의 가르침에 크게 심취해 있었습니다. 다만 생학련 출신자는 대학 졸업 후 교단본부에서 일하는 게 보통입니다만, 그는 그러지 않았습니다. 교단에 들어가면 폭넓은 대중운동을 못 하게 되리라고 생각했겠지요. 그런 의미에서 가바시마 씨는 진정한 대중운동가, 타고난 조직책이었습니다.

게다가 그는 일신의 명예와 부, 출세를 추구하지 않았습니다. 자상한 성격으로 학우들의 존경을 받았고, 그의 말을 듣고 함께 일하겠다는 청년들이 전국 각지에 많았지요. '일본을 지키는 모임'이 원호법제화 운동을 시작했을 때도 가바시마 씨가 사무국에 참가했습니다. '일본을 지키는 모임'이 원호법제화를 요구하는 지방의회 결의 운동을 시작하고 약 1년 만에 전국 1,632개 시읍면에서 의회 결의를 합니다. 이 '지방에서부터 중앙으로'라는 전략을 세운 이가 바로 가바시마 씨였습니다.

한편, '일본을 지키는 모임'에는 메이지 신궁의 신관인 도야마 가쓰시外山勝志 씨 등이 나와 실무를 담당했습니다. 따라서 '일본을 지키는 모임'의 실무는 사실상 생장의 집과 메이지 신궁이 중심이었습니다."

무라카미는 이처럼 '일본을 지키는 모임'이 생장의 집과 메이지 신궁이 중심이 되어 운영되었다고 말한다. '일본을 지키는 모임'이 '일본을 지키는 국민회의'와 합쳐져 일본회의가 결성되었다는 사실을 생각하면, 일본회의는 인맥이나 조직운영 면에서 생장의 집이라는 신흥종교단체와 메이지 신궁을 주축으로 하는 신도계가 원류이자 본질이라고 평가해도 무방할 것이다.

더구나 생학련 출신자들이 결성한 일본청년협의회·일본협의회가 지금도 일본회의의 실무진으로 일하고 있으므로, 생장의 집 출신자가 일본회의의 중추를 지탱한다고 단언할 수 있다.

그렇더라도 대체 왜 생장의 집에 종사하던 이들은 이렇게까지 오랫동안 우파 정치활동을 계속하면서 오늘날까지 여전히 강한 영향력을 행사하는가? 어떻게 일본회의라는 오늘날 일본 내 최대 우파단체로 평가될 정도의 조직을 키워내는 데 성공했는가? 그리고 그들의 목적은 대체 무엇인가?

그 심층을 캐내기 위해 나는 생학련에 모인 면면을 잘 아는 몇몇 사람을 만나 자세한 이야기를 들어보았다.

자민당이 못 하는 일을 해준다

일본회의의 원류가 된 생장의 집 출신 활동가와 일본회의 사이에는 어떤 구체적인 연관성이 있는지를 찾아내기 위해 나는 여러 사람을 만나 대화해보았다. 그 가운데 몇 사람의 인터뷰를 소개하려는데, 1장에서 일부 기재한 바 있는 도쿄도의회의 고가 도시아키의 인터뷰 내용을 제일 먼저 소개하고자 한다.

1971년 긴키 대학 법학부를 졸업한 고가는 대학 시절부터 우파 학생운동에 뛰어들어 전국 대학을 장악한 전공투 운동과 대치했다. 또한 생학련계인 진고회협과 함께 우파 학생조직의 쌍벽을 이룬 일학동(일본학생동맹)에서 부위원장 등을 맡기도 했다.

그 후 고가는 도쿄·히노 시의회를 거쳐 도쿄도의원이 되었고, 현재는 6선 의원인 동시에 자민당 도의회 의원단의 '최우파'로 활동하고 있다. 아울러 일본회의 도쿄도의회 의원간담회의 회장대행을 맡은 관계로, 일본회의의 원류가 된 과거 우파 학생운동뿐만 아니라 최근의 일본회의 활동과 그 실태에 관해서도 잘 안다.

다음에서 고가와의 인터뷰를 일문일답 형식으로 소개한다.

– 현재 일본회의라는 존재를 어떻게 생각하고 있습니까?

"일본회의는 민족파 국민운동의 사무국 같은 역할을 하고 있다, 그렇게 자리매김할 수 있겠지요. 좌파는 공산당을 포함해서 대중 운동인 노동조합이 있거나 언론, 종교계, 학계 등에 다양한 프런트 조직이 있어 항의운동이나 시민운동을 합니다만, 보수에는 그런 조직이 없었어요. 서명을 받거나 집회를 열거나 거리에서 전단을 배포하는 등 자민당이 좀처럼 할 수 없는 일을 해주는 것입니다.

그래서 헌법(개정 문제)을 포함하여 안전보장 법제, 교육기본법 개정, 교육 정상화 문제도 그렇습니다만, 일본회의에는 전국에 골고루 지원자가 있어 아베 총리가 하려는 일이나 우리가 바라는 일을 실현하기 위해 큰 역할을 담당할 수 있다고 생각합니다. 그 밖에 이런 애국단체는 없습니다."

- 그 일본회의가 아베 정권을 좌지우지한다는 견해가 뿌리 깊습니다. 사실 상당수 각료가 일본회의 국회의원간담회 멤버고, 자민당 의원 중에도 엄청난 수의 멤버가 있습니다. 이것은 어떻게 생각합니까?

"자주헌법 제정은 자민당의 기본방침이고, 그러한 (것을 호소하는) 국민운동이 자민당 의원이나 의원이 되려는 사람으로서는 역시 그런 조직에 있는 편이 좋겠다고 생각하는 거죠. 절대 적극적으로 참가하는 건 아니고 일단 한 발 들여놓는다는 느낌으로 교류하는 사람이 많다고 생각합니다."

- 그 말씀은 모두 확고한 신념으로 일본회의에 속한 것은 아니라는 말씀?

"예. 아베 총리도 그렇게 (정치사상이) 깊지는 않아요. 어느 정도 일본회의가 끌고 가는 부분은 있다고 생각합니다. 본디 보수 정당으로서 해야 할 일, 원리적인 일을 일본회의가 확실히 주장하고 있으니까요."

- 게다가 조직력도 상당합니다. 고가 씨도 그렇습니다만, 지방의회에까지 상당히 뿌리를 내리고 있어요. 도의회도 그렇습니다.

"자민당(의 도의회 의원)은 전원 (일본회의에) 참가하고 있습니다. 이는 본래 좌파에서 쓰던 방식입니다만, 각 지방의회에서 다양한 결의를 해서 '지방의회에서 이 정도로 결의한다'고 어필함으로써 정부를 압박한다, 제도·법 개정을 (정부에) 요구한다, 이런 방식이 효과적이라고 해서 우리도 도입한 것입니다."

– 그것 역시 일본회의가 중심이 되어 추진하는군요.

"전국에서 동시에 움직입니다. 일률적으로 운동을 전개하려면 혹은 각 지방의회에서 일제히 결의안을 내려면 개인적으로 움직여서는 전혀 소용이 없어요. 일본회의를 통해 각 소속의원과 가입의원에게 부탁할 수밖에요. 우리도 1년에 몇 번은 회의하니까 그 자리에서 사무국이 '이런 결의를 했으면 좋겠다'고 부탁하면 '한번 헤볼까' 하며 움직이게 됩니다.

가장 처음 크게 (운동을) 한 것은 역시 원호법제화 때였지요."

– 그 일본회의에 관한 것입니다만, 핵심 부분과 관계자 중에 종교 관계자가 많습니다. 특히 과거 생장의 집에서 활동한 사람들이 중심이 되는데, 이를 어떻게 받아들여야 합니까?

"과거 학생운동 때는 전학련(전일본학생자치회총연합)이 분쟁으로 (대학을) 점거하고 있었고, 그와 대치하는 우파는 물리적인 힘을 갖고 있어서 종교적인 확신이나 신념이 없으면 저항할 수 없는 부분도 있었습니다. 그럴 때 생장의 집 학생들은 다니구치 마사하루의 가르침, 그러니까 '메이지 헌법 복원 개정'을 호소하고 있어서 일종의 교의에 바탕을 둔 종교적인 신념과 그를 실현하려는 열의를 품고 운동에 참여했다고 볼 수 있지요.

내게는 그와 같은 종교성은 없습니다만, 학생운동이 안정된 후에도 헌법개정을 중심으로 지금까지 그들이 그런 운동을 해왔다는 사실은 그 나름대로 이해할 수 있습니다."

－종교성이라고요. 그런데 고가 씨는 생장의 집과는 관련이 없었군요.

"예. 하지만 학생 시절에는 생학련의 학생들과 함께 (운동을) 했습니다. 전단을 뿌리기도 했고 마이크를 들고 거리에 나가 떠들기도 했지요.

게다가 우리는 돈이 없어서 아르바이트로 운동자금을 벌었습니다만, 생장의 집에는 교화부가 있었고 냉난방이 완비된 훌륭한 건물도 있었습니다. (전단이나 광고지를) 인쇄하는 인쇄기까지 있었어요. (고가는 간사이 지역 대학 출신이어서) 당시에는 생장의 집 오사카 교화부를 빌려 대학봉쇄를 반대하는 대학정상화 운동을 했기 때문에 생학련 학생과 간사이가쿠인関西学院, 리쓰메이칸立命館, 도시샤同志社 같은 대학의 학생들이 자주 드나들었습니다."

－종교를 배경에 둔 활동가들과 그렇지 않은 활동가들 사이에는 역시 차이가 있었습니까? 들리는 바에 따르면 생학련 사람들은 성실하다고 하더군요.

"나는 개인적으로 모두 잘 압니다만, 저마다 개성이 있지요. 다만 《일본서기日本書紀》나 《고지키古事記》 등 일본의 건국과 관련한 서적, 그런 것을 비록 표면적이더라도 꼬박꼬박 읽는 것은 생장의 집 학생 정도였지요."

－출판종교라는 점에서는 나름 지식층이 많았다는 뜻인가요?

"생장의 집은 다니구치 마사하루가 《고지키》 해설서를 내기도 했으니까요. 대체로 민족파는 공산당을 싫어하는 경우가 많았습니다만, 깊이 공부하고 원전을 읽는 사람은 드물었어요. 그런 점에서 생장의 집 학생은 나름 교본에 해당하는 책을 일본교문사日本教文社 (생장의 집계 출판사)가 출판한 덕분에 공부하게 되었겠지요."

– 하지만 생장의 집은 훨씬 전에 정치와 모든 관계를 끊었습니다.

"생장의 집은 변질되었고 학생운동도 안정되었다, 취직할지 아니면 그런 단체(일본회의 등)에 들어갈지 어쩔지, 모두 이런저런 생각 끝에 각 분야로 진출하여 오늘날에 이르렀겠지요……."

고가는 생장의 집 출신의 일본회의 관계자들을 이렇게 평가했다. 그들은 다니구치 마사하루의 교의, 특히 헌법 문제에 집착한 교조 다니구치의 종교성을 배경으로 우파활동에 종사하면서 출판종교의 신도다운 성실함을 지녔으며 열심히 공부한다고 말이다. 이런 평가를 남긴 고가에 이어, 내가 이야기를 듣기 위해 만난 인물은 현재 '미시마 유키오 연구회'라는 단체를 주재하는 다마가와 히로키玉川博己다.

일학동 제3대 위원장이 본 일본회의

1968년, 게이오기주쿠 대학에 입학한 다마가와 히로키는 재학 중 우파 학생운동에 깊숙이 참여한 후 우파 학생운동 조직의 하나인 일학동의 제3대 위원장에 올랐다. 그 후 일반 대기업에 취직했다가 현재는 관련 회사의 사장이면서 '미시마 유키오 연구회'를 주재하고 있으며, 일본회의의 핵심 멤버를 포함한 수많은 우파활동가와 오랜 세월 교제를 이어왔다.

도내의 한 호텔에서 만난 다마가와는 품위 있는 짙은 슈트를 입어서인지 언뜻 보기엔 대기업 간부처럼 보였지만, '고교 시절에는 좌파였다'고 할 만큼 타고난 정치활동가이기도 했다.

그래서 과거의 우파 학생운동은 물론, 최근의 일본회의를 둘러싼 실정에도 꽤 정통하다.

또한 그는 일단 이야기를 시작하자 매우 꾸밈없고 솔직한 호인의 면모를 드러냈다. 다음의 인터뷰를 읽기만 해도 분위기가 어땠는지 충분히 짐작할 수 있을 것이다.

– 과거 일학동의 활동가였던 입장에서 현재의 일본회의를 어떻게 생각합니까?

"이미 많은 조사가 있었겠지만, 역사적인 과정을 말하자면 생장의 집의 학생조직인 생학련이 있었고, 그것이 모체가 되어 전국학협이 생겼습니다. 그 안에 있던 가바시마 유조 씨 등이 일본청년협의회나 일본협의회라는 조직을 만들어 활동을 이어가는 동안 점점 세력을 키워 신사본청 등과 함께 일본회의를 이끌어가는 형국이지요.

실제 동력의 중심이 된 이들은 역시 가바시마 씨와 에토(세이치) 씨, 전국학협의 선배들입니다. 그리고 (일본회의의) 회장이나 임원, 쟁쟁한 보수계 언론인과 재계 거물까지 끌어들였습니다. 이런 의미에서는 대단한 조직력이라고 할 수 있어요. 그 정도로 여러 곳의 보수층을 끌어들이다니 정말 대단하다고 생각해요."

– 생장의 집 출신자나 생학련 선배들을 움직이는 힘의 원천은 무엇이라고 생각합니까?

"그것은 역시 다니구치 마사하루 선생입니다. 전쟁 전부터 우익이라고 할까, 천황 중심의 사상을 지닌 이념색이 강한 종교단체였으니까요. 종전 후 일본 국내의 국가주의 단체가 거의 괴멸한 가운데, 신사본청과 생장의 집이 그를 대신하는 역할을 한 것입니다."

– 다마가와 씨와 생장의 집의 인연은?

"나는 관련이 없어요. 일학동이니까. 생장의 집은 종교 냄새가 나서, 그래서 일학동에 뛰어들었습니다. 일학동은 초대위원장이 사이토 히데토시斉藤英俊, 2대가 후지 텔레비전의 정치부장과 해설위원장을 맡은 야마모토 시몬山本之聞, 그리고 내가 3대였습니다. 졸업후에는 취업해서 전문적인 우파활동가는 아닙니다만, 학생 시절에는 생장의 집(의 활동가들)과 사이가 좋았어요."

– 다마가와 씨가 볼 때, 가바시마 씨 같은 생장의 집 출신자는 어떻게 보입니까?

"가바시마 씨는 '미시마 유키오 연구회' 회원이기도 해서 잘 알고 지금도 친한 사람이 많습니다만, 역시 좋은 사람입니다."

– 대부분 부모의 권유로 생장의 집에 들어갈 정도라서 역시 착하고 성실하다고 평하는 분들이 있었습니다.

"말씀하시는 대로입니다. 그들은 대부분 (생장의 집 신도의) 2세입니다. 거의 모두 부친이나 모친이 신도였어요. 그런데 학원분쟁이 일어나니까 정치운동에 빠져든 것입니다."

– 그러면 전공투 운동이 있었던 탓에 우파운동이 일어났다는 건가요? 하지만 오랫동안 계속 운동을 하면서 일본회의 결성에 이르기까지의 재정적 기반은 어디에 있었을까요?

"신사본청도 (자금을) 댔을 겁니다. 하지만 재정적으로는 그리 여유롭지 않을 거로 생각해요. 듣자 하니 일본회의도 처음 시작할 때는 여러모로 힘들었던 모양입니다. 가바시마 씨 외에 나가사키 대학 출신의 안도 이와오 씨가 자택을 담보로 (조직의 시작을 위해) 협력했다는 등의 이야기를 들었습니다."

- 안도 씨도 일본회의의 시작과 관련하여 협력했습니까?

"겉으로 드러나지는 않지만, 가바시마 씨의 동료잖아요. 나가사키 대학은 생장의 집이 강했고 전국학협의 가장 큰 뿌리였어요. 그 뒤로 일본청년협의회가 있고 나아가 일본협의회가 있습니다. 일본회의의 실질적인 정치활동은 일본청년협의회가 하고 있으니까요."

- 그를 이끄는 가바시마 유조 씨 등의 끈기라고 할까 열의라고 할까, 그 집념을 어떻게 생각합니까?

"끈질기기는 하지요, 그 사람들이(웃음). (일본회의가 전개하는) 헌법개정 서명운동은 정말 대단해요. 개인정보를 아는지 내 집에도 여러 사람이 찾아와 '다마가와 씨는 보수파니까 서명해달라'고 몰아댑니다(웃음)."

- 그런 운동의 노하우는 역시 생학련 시절에 쌓은 것입니까?

"그렇겠지요. 학협 방식으로, 창가학회 등에도 공통된 전형적인 종교단체 방식입니다. 그 끈기와 집념에는 놀랐어요. 실제 방식은 역시 생장의 집이랄까, 그런 노하우가 있는 가바시마 씨의 방식입니다. 탁월해요, 정말 감탄했습니다. 운동을 착실하고 꾸준히 펼치다니 정말 훌륭해요."

- 그렇게 해서 현재의 일본회의로 이어진 것인가요?

"예. 그러니까 일본회의는 표면적으로 신사본청과 손잡고 있습니다만, 어떤 의미에서는 '신사본청까지 손에 넣었다'고 할 수도 있어요. 지금까지 다양한 운동단체를 끌어들이고 합병하면서 조직을 확대해왔기 때문입니다. 마치 M&A로 볼 수 있어요, 보수의

M&A.

그리고 거물 언론인과 유명인, 지위가 높은 사람을 위(조직의 임원 등)에 앉힙니다. 브리지스톤 사이클의 사장인 이시이 고이치로 씨 같은 분들을 (일본회의 등의) 임원에 임명하잖아요. 이시이 씨는 상당히 보수적인 사람인데, 일본회의 간판이 있으면 사회적 발언력이 강해집니다. 서로 상부상조하는 거예요. 그런 점에서의 '영업력'이라고 할까, 그것도 대단하다고 생각합니다."

방패회 1기생의 증언

또 한 사람, 나로서는 꼭 만나서 이야기를 듣고 싶은 인물이 있었다. 조사해보니 현재 그 사람은 이바라키 현에 살고 있었다.

이토 구니노리伊藤邦典. 일반인은 잘 모를 수도 있겠지만, 전후 일본의 우파운동과 조금이라도 관련이 있었다면 그 이름을 기억하지 못하는 사람은 거의 없을 것이다.

1967년, 이토는 가나가와 대학神奈川大学에 입학했다. 양친이 생장의 집 신도인 탓에 도쿄 아카사카에 있는 생장의 집 학생도장에 입소했는데, 이토는 이후 스즈키 구니오 등과 함께 우파 학생운동의 최전선에 나섰다. 당연히 지금까지 여러 번 언급된 생학련계 전국학협의 운동에도 깊이 관여했다.

나아가 이토는 미시마 유키오의 '방패회'에 제1기생으로 참가했고, 그 후 스즈키 구니오 등과 함께 신우익단체인 '잇스이카이'를 창설한 멤버이기도 하다. 다시 말해 전공투 운동의 전성기에 시작되어 일본회의의 원류가 된 우파 학생운동의 주요조직 전체와 직접적인 관련을 맺은 것이다.

한편, 이토는 20대 후반에 운동의 최전선에서 물러나 오랫동안 고향인 아키타에서 살았는데, 현재는 사정이 있어 이바라키 현으로 주거지를 옮겼다. 이토는 일본회의의 원류가 된 생학련과 전공투 운동이 한창이던 시절의 우파 학생운동에 대하여 그 안의 논리를 비롯한 여러 가지에 충분히 정통했다. 동시에 현재는 그러한 우파운동과 거리를 두고 있어서 일본회의와 일본의 우파운동을 부감할 수 있는 처지에 있었다.

수소문 끝에 연락처를 알아내 이바라키 현 미토水戸 시에서 만난 이토 씨는 조용하면서도 지성이 느껴지는 인물로, 당시 우파 학생운동과 관련한 인물들, 특히 생장의 집 출신자들의 특징과 심리를 공손하면서도 상당히 적나라하게 회고해주었다. 다음은 이토 씨의 이야기다.

– 먼저 이토 씨 자신에 관해 알려주십시오.

"내가 도쿄에 상경한 것은 1967년이었습니다. 생장의 집 신도여서 (상경 후에는) 아카사카에 있는 생장의 집 학생도장에 입소했지요."

– 스즈키 구니오 씨와 똑같네요.

"예, 우리 부모님도 생장의 집 신도였고, 스즈키 씨도 그랬으니까요. 스즈키 씨와는 초등학교 고학년 때부터 알고 지냈지요."

– 학생도장에 입소하는 사람이 많았습니까?

"그렇지요. 아카사카에만 있는 것은 아니었으니까요. 언젠가는 교단본부 직원이 될 가능성이 있는 인재를 모아놓은 듯한 면도 있었을 겁니다. 어느 정도 학비도 보조해주었어요. 그 대신 대학 졸업 후 본부에서 몇 년 동안 근무하라는 조건이었지요."

– 학생도장 생활은 엄격해서 힘들었다고 들었습니다.

"네. 새벽 4시 반경부터 깨워서 5시부터 수행 같은 것을 시키고, 대학에서 돌아오면 기도회 등에 참가하는 것이 당연한 생활이었습니다."

– 그런 생활을 하면서 생학련 등의 활동도?

"그렇습니다. 당시에는 역시 일학동과 생학련이 (우파 학생조직 중에서는) 큰 조직이었으니까요. 가바시마 유조 씨나 안도 이와오 씨 등이 좌파세력에 대항하는 목소리를 내기 시작했고, 마침 그 시기 학생 신분이어서 나는 스즈키 구니오 씨와 함께 여기저기 회원모집 활동을 하러 다녔습니다. 일본정책연구센터의 이토 데쓰오 씨는 니가타 대학新潟大学에 다니고 있었습니다만, 그를 운동에 끌어들이려고 찾아간 것은 나와 스즈키 씨였습니다."

– 니가타 대학까지요?

"예, 이토 씨에게 생학련에서 발행하는 신문의 편집장을 맡아달라고 부탁하러 찾아갔습니다."

– 이토 데쓰오 씨는 아베 총리의 브레인으로 알려졌는데, 본래 생장의 집 신자였군요.

"그렇습니다. 나와 스즈키 씨는 전국을 꽤 돌아다녔습니다. 유능한 인재를 끌어오기 위해서요."

– 모모치 아키라 씨나 다카하시 시로 씨도 생학련이죠.

"모모치 씨는 나보다 한 살 위였지요. (다카하시) 시로도 있었군요. 오이타에는 에토 세이치와 이와키 노부코井脇ノブ子(전 중의원 의원)가 있었습니다. 여기저기 흩어져 있었던 것인데, 전국에서 모두 모이는 연성회인 생장의 집 대학생 연성회가 있어서 서로 얼굴은 잘 알았습니다."

– 이와키 노부코 씨는 벳푸 대학別府大学에서 우파활동에 참여했고, 당시 전국학협의 간부에도 이름을 올렸습니다. 그 후, 여러 번 낙선한 끝에 자민당의 중의원 의원이 되었습니다.

"네, 여성 중에도 대단한 사람이 많았습니다. 돌이켜보면 오늘날 (우파의) 논단이나 정계 등에서 활약하는 생장의 집 출신자들이 꽤 많군요. 그런 점에서는 생장의 집이 '싱크탱크' 같은 역할을 했는지도 모릅니다."

– 그런 분들의 상당수는 일본회의의 핵심과 관계가 있습니다. 사무총장인 가바시마 유조 시가 대표적이지요.

"최근에는 모르겠습니다만 젊은 시절에는 그 사람(가바시마)을 '실무자'로 여겼습니다."

– 실무자?

"나가사키 대학에는 뛰어난 사람이 많았습니다만, 앞에 나서서 깃발을 흔든 사람은 인도 이와오 씨입니다. 가바시마 씨는 그런 카리스마가 없었어요. 하지만 사람들을 관리하거나 여러 매니지먼트가 가능한 능력자였지요. 그런 점에서는 역시 대단했습니다. 행동파는 많았고 이론파도 나름대로 늘고 있었습니다만, 실무 면에서의 능력은 가바시마 씨가 최고였습니다."

– 후에 생장의 집은 정치와 모든 관계를 끊었습니다만, 당시 생장의 집

이 그토록 열심히 정치에 직접 관여한 까닭은 무엇이라고 생각합니까? 창가학회와 공명당을 향한 대항의식이라는 이야기도 들었습니다만.

"전혀 없었다고는 말 못 하겠지요. 다만, 그것이 전부는 아닙니다. 역시 우생보호법의 개정을 국회에서 논의하자, 자신들이 생각하는 생명존중을 실현하고 싶다, 그러려면 정치력이 필요하다, 이런 문제의식이 최초였다고 생각합니다."

– 더불어 당시 세력이 컸던 좌파운동에 대한 위기의식인가요?

"그것도 있었겠지요. 이대로는 일본이 적화될지도 모른다는."

– 생장의 집은 정치와 단절했는데 일본회의에는 여전히 생장의 집 출신들이 많습니다 일본회의와 생장의 집, 생학련이 관계를 어떻게 생각합니까?

"단도직입적으로 말해서 뿌리랄까, 근원은 분명 같다고 생각합니다."

– 근원은 같다는 말씀이군요. 그럼 생장의 집 출신들이 어째서 그토록 오랫동안 꾸준히 운동에 관여하고 이렇게까지 일본회의를 크게 성장시켰다고 생각합니까? 어떤 사람은 '생장의 집 신자는 성실하기 때문'이라고 하고, 어떤 사람은 '집념이 강해서'라고도 합니다.

"성실하기 때문이라기보다는 종교에서 시작되었기 때문입니다. 종교심이 있느냐 없느냐에 달려 있습니다. 나 자신은 그렇게 생각합니다."

– 종교심이라고요?

"바꿔 말하면 '축'입니다. 뿌리가 어디에서 출발했느냐에 따라 이쪽저쪽 흘러가는 방향이 다릅니다. 종교심의 대단한 점은 오직 한 길을 가게 한다는 것입니다. 나만 해도 어릴 때부터 생장의 집에서 자라고 다니구치 마사하루 선생의 가르침에 따라 살아왔습니다. 그것에 한 점의 후회도 없어요. 젊은 시절에 확고한 근원을 갖게 되면 좀처럼 바꿀 수 없어요. 바꾸고 싶어도 바꿀 수가 없습니다. 좋고 나쁨을 따지기 전에 그것이 종교심의 대단한 점이라고 생각합니다."

– 실례지만, 진부하게 표현하자면 그것은 '세뇌' 아닙니까?

"남이 보면 '너희는 세뇌당했다'고도 생각할 수 있겠지만, 그렇더라도 상관없다는 그런 둔함이 있는지 모릅니다. 타인의 평가를 신경 쓰지 않아요. 근본적인 가치관이 다르기도 합니다. 종교심이란 그런 것으로 생각합니다."

저변에 있는 '종교심'

이런 수많은 증언을 모아 정리한 뒤 일본회의라는 우파조직의 '실상'을 표현한다면, 다음과 같지 않을까 생각한다.

먼저 일본회의의 원류는 신흥종교단체인 생장의 집이라고 할 수 있는데, 이 사실은 이미 의심할 여지가 없다. 아니, 정확히 말하자면 생장의 집 출신자들에 의한 정치활동이 일본회의로 이어지면서 전후 일본 우파운동의 원류가 되었다고 말해야 할 것이다.

다시 한 번 강조하지만 현재의 종교단체인 생장의 집은 일체의 정치활동을 하지 않으며, 일본회의와는 조직적인 관계를 전혀 맺고 있지 않다. 다만, 일본회의라는 거대한 우파단체를 만들어 키워온 이들의 핵심과 주변에는 전공투 운동이 한창이던 시절에 우파

학생운동을 조직한 생장의 집 신자들이 있다. 이것은 지울 수 없는 사실로 엄연히 존재한다.

이들은 생장의 집을 창건한 괴인물 다니구치 마사하루의 가르침을 열렬히 신봉하고, 생장의 집이 현실정치와 결별을 선언한 후에도 그의 정치적인 가르침을 계속 신봉하면서 우파 정치운동과 조직구축에 전력을 다해왔다. 여기서 다니구치의 정치적 가르침은 지극히 일반적인 시선으로 봤을 때조차 매우 극우적이고 초복고주의적인 정치사상으로, 자칫 자민족 중심주의에 빠질 우려가 있는 위험한 사상을 가리킨다.

이런 자들은 대체로 매우 차실하고 부와 명성을 추구하지 않으며, 때로는 철저히 숨은 채로 조직의 확대, 유지, 충실에 온 힘을 다하는 희생정신을 지니기도 했다. 출판종교라는 생장의 집의 특성상 신자 중에는 어느 정도 지식층이 많고, 공부를 열심히 하기도 한다.

또한, 전공투 운동에 맞서 우파 학생운동을 하는 동안 조직의 확대, 유지, 충실에 필요한 실무적 노하우를 갖추었다. 이는 좌파학생과 시민운동을 모방하고 그 비결을 흡수하여 축적한 면도 있다. 그래서일까? '지방에서 도시로'와 같은 마오쩌둥의 운동전략을 자주 취하고, 조직 전면에는 저명한 문화인과 재계인 등을 내세움으로써 일반인들에 대한 구심력을 높이면서도 자신은 별로 표면에 나서지 않는 사람이 많다.

무엇보다 이들의 뿌리에는 '종교심'이 있다. 일반인의 감각으로는 좀처럼 이해할 수 없지만, 어린 시절부터 심어진 '종교심'은 쉽게 흔들리지 않고, 쉽게 바뀌지 않고 바꿀 수조차 없다. 타인이 어떻게 생각하건 신경 쓰지 않고, 포기하지 않고, 믿는 바를 향해 오직 직진할 뿐이다.

그래서 강하다. 그래서 굽히지 않는다. 그래서 끈질기다. 그것은 확실히 끈기 있고 인내심 강한 활동의 근원이 되었고, 일본회의와 같은 조직을 육성하는 데 위력을 발휘했다고도 할 수 있다. 하지만 나는 동시에 그 운동의 저변에는 뿌리 뽑기 어려운 컬트성이 내포되어 있다는 생각을 떨쳐버릴 수가 없다.

3장

꿈틀거리는 회귀 욕구

전후체제에 대한 울분

일본회의의 원류가 신흥종교인 생장의 집 출신의 우파정치가들이었다고 한다면, 현재 일본회의를 지탱하는 주축은 이세 신궁을 본종으로 하는 신사본청을 정점에 둔 신도 종교집단이다. 아무리 생장의 집 출신 활동가들이 열심히 또 집요하게 활동한다 하더라도 그들 스스로 거대한 동원력과 자금력을 보유한 것은 아니다.

이 점에서 종교단체로서의 신도와 신사계에는 엄청난 동원력과 자금력, 영향력이 있다. 지금도 일본 전국에는 각 지역에 뿌리를 내린 8만여 곳의 신사가 있고, 그 대부분을 산하에 두고 관리하는 신사본청은 일본 종교계에서도 비교할 수 없을 만큼 막강한 힘을 지닌 존재다.

게다가 메이지 유신부터 제2차 세계대전이 패전으로 막을 내린

1945년까지 국가가 관리한 국가신도 체제 아래 신도신사는 국가의 극진한 비호를 받았다. 그리고 천황 중심주의와 군주체제를 강력하게 뒷받침하며 사람들을 무모한 전쟁으로 내모는 구동장치의 하나가 되기도 했다.

국가신도에 관한 명저로 알려진 무라카미 시게요시村上重良의 《국가신도国家神道》(1970년, 이와나미신쇼岩波新書)는 국가신도의 개략과 문제점을 간결하고 알기 쉽게 정리했다. 이 책에서 관련 부분을 발췌해보았다.

> 메이지 유신부터 태평양전쟁이 패전에 이르는 약 80년 동안 국가신도는 일본의 종교는 물론, 국민의 생활의식 구석구석에 이르기까지 넓고 깊은 영향을 미쳤다. 일본의 근대는, 특히 사상과 종교에 관한 한 기본적으로 국가신도가 그 방향을 정해왔다고 해도 과언이 아니다.
>
> 국가신도는 민족종교로서의 신사신도를 20세기 중반에 이르기까지 고정화한, 시대착오적인 국교제도였다. 오늘날 일본의 정치와 종교를 둘러싼 문제의 기저에는 국가신도가 만들어낸, 전근대적이고 왜곡된 정치와 종교 관계의 유산이 자리하며, 신사신도를 포함한 일본의 여러 종교는 국가신도에 의해 근대사회에 대응하는 자주적이고 창조적인 전개를 방해받아왔다.
>
> 국가신도는 세계종교사에서도 그 유례를 찾아보기 힘든 특이한 국교였다. 그것은 근대 천황제라는 국가권력의 종교적 표현이며, 신도·불교·기독교의 공인종교 위에 군림하는, 내용이 결여된 국교였다.

그러나 일본의 패전으로 말미암아 국가신도는 일단 80년 가까운 역사에 종지부를 찍었다. 패전국이 수용한 포츠담 선언 제10항은 언론 및 사상의 자유와 함께 신앙의 자유 등 기본적인 인권을 확립하라고 일본에 요구했기 때문이다. 이에 따라 GHQ(연합군최고사령부)는 일본점령 직후인 1945년 10월 '정치적·사회적·종교적 자유에 관한 제한 제거' 각서를 발표했는데, 이때 치안유지법 등과 함께 전쟁 전의 종교단체법도 폐지되었다.

또한 같은 해 12월에 GHQ는 이른바 '신도지령'을 발표했다. 총 4항으로 이루어진 지령은 국가신도가 '국민을 속여 침략전쟁으로 유도하고자 의도'된 것이라면서 '군국주의와 과격한 국가주의의 선전에 이용'됐다고 단언하고, '국가신도, 신사신도에 대한 정부의 보증, 지원, 보전, 감독 및 공표의 폐지' 등을 명함으로써 국가와 신사신도의 완전한 분리를 지향하였다.

나아가 이듬해인 1946년 1월 1일에 천황이 신년 칙서, 일반적으로 '인간 선언'으로 불리는 칙서를 발표하여 '천황은 살아 있는 신이고, 일본 국민은 다른 민족보다 우월한 민족이며, 따라서 세계를 지배해야 할 운명을 지녔다'고 한 것은 '가공적인 관념'이라고 단언했다. 그리고 같은 해 11월 3일, 신앙의 자유와 정교분리 원칙을 명확히 선언한 현행 헌법이 공포되면서 천황을 구심점으로 국교화되어 있던 전쟁 전의 국가신도는 매장되었다.

그러나 일본 우파세력이나 신도 신사계 내에는 전후체제에 대한 울분과 전쟁 전 체제를 향한 동경, 회귀 욕구가 계속 꿈틀거렸다. 영어권에서 현대 천황제 연구의 일인자로 알려진 케네스 루오프 Kenneth Ruoff(미국 포틀랜드 주립대 교수, 일본센터 소장)는 2003년에 발

표한 명저 《국민의 천황: 전후 일본의 민주주의와 천황제国民の天皇戦後日本の民主主義と天皇制》(교도 통신사共同通信社)에서 전후 신사본청의 동향을 다음과 같이 분석한다.

일본 독립 후 수십 년 동안 신사본청은 메이지의 정치체제와 이념을 부활시킬 발판이 되는 시책을 강하게 지원해왔다. 미국이 만든 헌법으로 상징되는 전후체제를 거부하면서 전후에 주로 (1) 정교분리를 정한 헌법 제20조 폐지 혹은 다른 해석의 확립, (2) 황실숭배의 강화를 목표로 내세워왔다. 그리고 일본의 477 도도부현에 걸친 지부를 통해 8만이 넘는 신사의 활동을 통합하고 있다. 또한 신사본청은 몇몇 관련 단체를 지원하는데, 그중에는 신도청년전국협의회와 전국경신부인연합회全国敬神婦人連合会 등도 포함된다. 이들 단체는 기원절紀元節(《고지키》와 《일본서기》에서 초대 천황인 신무 천황의 즉위일—옮긴이) 부활 운동과 그 이후의 정치운동에서 큰 역할을 했다.

일본회의 내 신사본청의 역할

메이지의 정치체제와 이념이 부활하기를 바란다고 케네스 루오프가 지적한 신사본청은 일본회의에도 관여하고 있으며, 거듭 말하지만 일본회의의 거대한 주축 중 하나로도 자리한다. 또한 신도의 정점에 군림하는 신사본청은 스스로 신도정치연맹(신정련)을 결성하여 보수 정계를 지원하고 있으며, 신정련의 호소에 호응하는 국회의원간담회도 있다.

신정련에 따르면 신정련 국회의원간담회의 회원 총수는 중참 양원을 합하여 304명, 즉 중의원 223명, 참의원 81명이다. 이는 일본회의 국회의원간담회의 가입의원 수를 웃도는 수로, 아베 신조 총리 등도 간부직을 맡고 있다. 또한 두 간담회 회원은 상당 부분 겹치는데, 이 책을 집필하는 시점에서 아베 내각, 즉 제3차 아베 내각의 각료 20명 중 17명이 신정련 국회의원간담회의 일원이다. 정권 자체가 신정련과 일체화하고 있다고 해도 과언이 아닌 상황이다.

그리고 신정련은 다음과 같은 정책목표를 자신들의 홈페이지에 올려놓고 있다.

- 세계적으로 자랑스러운 황실과 일본의 문화전통을 소중히 하는 사회건설을 지향한다.
- 일본의 역사와 특성을 고려한 자랑스러운 신헌법의 제정을 지향한다.
- 일본을 위해 고귀한 생명을 바친, 야스쿠니의 영령에 대한 국가의례 확립을 지향한다.
- 일본의 미래에 희망을 품을 수 있는, 마음이 건강한 아이들을 키우는 교육 실현을 지향한다.
- 세계로부터 존경받는 도의 국가, 세계에 공헌할 수 있는 국가 확립을 지향한다.

황실숭배의 사회건설과 신헌법의 제정, 그리고 야스쿠니 신사에 대한 국가관여의 강화. 상당히 완곡하게 표현하고 있는데 '메이지의 정치체제와 이념의 부활'이라고까지는 말할 수 없을지 몰라도 어쨌거나 전쟁 전 체제로의 회귀 욕구가 여실히 드러난다고 평하는 데는 무리가 없을 것이다.

신사본청과 일본회의의 관계는 과연 어떤 것일까? 신사본청을 정점으로 하는 신도 신사계는 무엇이 목표이며 구체적으로 어떤 활동을 할까? 압도적인 동원력과 자금력은 어느 정도이며 일본회의 안에서 어떤 역할을 담당할까? 실태를 파악하고자 각 방면에서 접근을 시도해봤지만, 취재는 매우 심각한 난항을 겪었다.

특별히 신사에만 관련한 이야기가 아니다. 우리는 이번 취재신청을 일본회의 당사자나 관계자로부터 차례로 거절당했다. 아무래도 일본회의 사무국에서 지시받은 듯 보이는 신정련 간부는, 내 지인을 통해 일단은 취재에 응하겠다고 답해왔다가 나중에 '일본회의에서 취재에 응하지 말라는 말을 들었다'며 갑자기 취소하기도 했다.

이런 가운데 한 인물이 우리의 장시간 인터뷰에 응해주었다.

이시카와 마사토石川正人. 요코하마 시 고호쿠 구横浜市港北区에 있는 모로오카쿠마노師岡熊野 신사의 신관이다.

서기 724년에 시작됐다는 모로오카쿠마노 신사는 한적한 주택가에 있으며 경내는 약 4,800평에 이른다. 이곳 신관인 이시카와는 신도정치연맹의 가나가와 본부장을 맡은 한편, 일본회의가 주도하는 '아름다운 일본의 헌법을 만드는 국민 모임'이 전국에서 펼치는 '천만 명 서명받기 운동'에도 열성적으로 참가하고 있다.

가나가와 현의 지방신문인《가나가와 신문神奈川新聞》이 최근 게재한 역작 시리즈 '시대의 정체'에 따르면, 모로오카쿠마노 신사의 경내에서도 서명운동을 펼쳤고, 2015년 10월 31일 요코하마 시 개항기념회관에서 열린 관련 집회에서 이시카와가 다음과 같이 열렬히 호소했다고 한다.

"우리의 목표는 천만 서명이다. 각 도도부현으로 나누면 가나가 와 현의 목표는 40만. 현재 달성률은 71.9퍼센트, 28만 이상의 찬성을 받았다. 이제 조금밖에 남지 않았다. 이 목표를 전국에서 가장 먼저 달성해야 하지 않겠는가?"

"헌법개정을 실현하기 위해 내년(2016년) 참의원 선거에서 자민 당뿐만 아니라 헌법개정에 찬성하는 국회의원을 3분의 2 이상 확보해야 한다. 국민투표를 하게 되면 반드시 이길 수 있다고 확신한 다."

신관이라는 지위에 있는 자로서는 상당히 격렬하고 직설적인 선동인데, 모로오카쿠마노 신사 사무소에서 만난 이시카와는 논리 정연한 말투가 인상적인 인물이었다. 그리고 무엇보다 신사신도의 상황과 일본회의와의 관계 등을 꽤 솔직하게 이야기해주었다.

따라서 이 장에서는 이후 이시카와의 이야기에 귀를 기울이면서 신사본청의 상황과 목표, 일본회의 내부에서 신사본청이 맡은 역할 등을 고찰해보고자 한다. 정확을 기하기 위해 이시카와와의 인터뷰 내용을 일문일답 형식으로 기록하고, 내 논평과는 명확히 구분하여 다음에 소개한다.

신사계 배후의 움직임

　－ 기본적인 사항부터 묻겠습니다. 현재 일본 전국에는 8만 이상의 신사가 있다고 들었습니다만, 전부 신사본청 산하에 속합니까?

　"그렇다고 할 수 있습니다. 전국에 8만 수천 개의 신사가 있고 그중 90퍼센트가 신사본청 산하에 있습니다. 불교처럼 여러 종파별로 나뉘지 않고 대개 신사본청이라는 포괄단체에 속해 있습니다. 교토 등(의 일부 신사)에서는 신사본청 외의 단체를 조직하는 곳도 있습니다만, 대다수 신사는 신사본청 산하에 있습니다. 그 밑에 각 두두부현의 신사청이 있는데, 가나가와에는 약 1,120곳의 신사가 가나가와 현 신사청에 속해 있습니다."

　－ 다시 말해 전국 8만 곳 이상의 신사를 신사본청에서 거의 하나로 통괄한다는 말씀이시군요.

　"그렇지요. 제2차 세계대전 전의 국가신도 시절에는 (전국의 신사를) 내무성 등이 맡았습니다만, 전후에 신사 관련 사무 등을 종교법인화하면서 내무성 등을 대신하는 조직으로서 전국의 신사계가 신사본청을 설립한 것입니다. 그래서 당신들이 말하는 구시대적인 발상에 약간 매여 있는 부분이 있겠지요."

　－ 신사본청 직원은 몇 명 정도입니까?

　"지금은 70명 정도이려나. 각 도도부현에도 5~6명 정도씩은 있겠지요. 대부분은 신관입니다. 신관 자격을 갖춘 사람이 직원으로 일합니다."

　여기에는 약간의 보충설명이 필요할 듯하다.

신관이란, 신사본청이 수여하는 자격이다. 다만 전쟁 전과 달리 현재는 신사본청도 일개 종교단체에 불과하므로 신관도 어디까지 나 민간자격이다. 그렇더라도 전국 신사의 90퍼센트 이상이 신사 본청 산하에 있으므로 신관이 되려면 신사본청의 신관 자격을 취 득해야 한다.

신관 자격을 취득하는 데는 몇 가지 방법이 있는데, 기본적으로 는 신도학과에 전문 신관 양성과정이 있는 두 사립대학, 고쿠가쿠 인 대학国学院大学(도쿄 시부야 구)과 고갓칸 대학皇學館大学(미에, 이세 시 伊勢市)에서 배우는 방법이다. 이 통로로 신관 자격을 취득한 자는 현재 전국에 2만 수천 명에 달한다고 한다.

여담인데, 전문 신도학과가 있는 대학은 전국에 고쿠가쿠인 대 학과 고갓칸 대학 두 곳밖에 없다. 다시 말해 이 두 대학은 신관 양 성기관의 쌍벽을 이루며, 이 중 고쿠가쿠인 대학은 메이지 시대인 1882년에 국가신도를 지지하는 신관 양성기관으로 설립된 '고텐 코큐조皇典講究所'가 모체로, 현재는 다양한 학부를 망라한 종합대학 으로 탈바꿈했다.

한편 미에 현 이세 시에 있는 고갓칸 대학은 일반인에게는 생소 한 이름일 것이다. 고갓칸의 원류도 고쿠카쿠인과 같은 1882년, 이 세 신궁이 창설한 신관 양성기관인 '신궁 고갓칸神宮皇学館'으로 거 슬러 올라간다. 메이지 정부는 국가신도 관점에서 이곳을 중시하 여 1903년에는 내무성 소관의 관립학교가 되었고, 1940년에는 관 립대학인 신궁 고갓칸 대학으로 격상되어 국가신도를 이끌어갈 인 재를 배출했다.

그러나 패전 후인 1946년, GHQ의 '신도지령'에 의해 신궁 고갓칸은 폐지되는 운명에 처한다. 일본의 민주화를 지향하는 GHQ로서는 도저히 용인할 수 없었던 것이, 국가신도를 이끌어갈 인재양성기관인 데다가 관립이라는 점에서 '정교분리'의 대원칙에 크게 어긋났기 때문이다.

그런데도 신궁 고갓칸 출신자와 정·재계 유력자들이 전후 부흥을 도모함으로써 1962년 고갓칸 대학은 사립대학으로 재창설되었다. 즉, 패전 후 약 15년에 걸쳐 그 존재가 사라졌던 고갓칸은 전쟁 전 국가신도의 부정적인 역사를 짊어진 신관 교육기관이라고도 할 수 있다.

지금도 대학이름에 '고가쿠皇學'라는 글자가 포함된 것을 보면 교육방침 역시 상당히 구세대적인 듯하다. 황족이기도 했던 이세신궁 제주인 가야노미야 구니노리오賀陽宮邦憲王가 1900년에 발표한 다음과 같은 영지를 지금까지도 '건립의 본뜻, 건학의 취지, 정신, 사명으로 받들고 있기' 때문이다.

> 신궁 고갓칸 교육의 취지는 황국의 도의를 가르치고 황국 문학을 배워 실제로 그것을 운용하는 것이다.

여기서 '황국'의 의미를 고갓칸 고등학교의 교직원 연수용 책자는 다음과 같이 해설한다.

> '황국'이란 어떤 의미일까요? '일본'이라는 호칭이 본래 지리적 구별을 나타내는 데 반해 '황국'은 이른바 역사적, 문화적 내실을 갖춘 일본국을 나타냅니다. '황'이라는 글자가 가리키듯이 '황국'이란 간단히 말해

'천황이 통치하는 나라' 혹은 '천황을 최고 정신적 통합자로 섬기는 나라'라는 뜻입니다.

고대의 신사신도는 차치하고, 국가신도에서는 천황이야말로 제사를 주관하는 최고권위자이고, 메이지 헌법 아래에서 천황은 현인신(살아 있는 신 — 옮긴이)인 동시에 국가신도 최고의 신주였다. 전쟁 전부터 계보를 이어온 신관 양성기관, 즉 고갓칸이 메이지 시대로 회귀하는 분위기를 짙게 머금은 것은, 이세 신궁을 본종으로 섬기는 신사본청과 일본 신사계 배후의 움직임이 서서히 부상하려는 까닭인 듯하다. 또한 고쿠가쿠인과 고갓칸, 두 대학은 신사본청을 필두로 하는 신사계를 지탱하는 인재들을 지금도 계속 배출하는 중이다.

이야기가 약간 옆길로 샜는데, 다시 모로오카쿠마노 신사의 신관이며 신정련 가나가와 현 본부장이기도 한 이시카와 마사토와의 인터뷰로 돌아가자.

신사본청의 동원력과 자금력

– 그렇게 하여 신관이 되었거나 혹은 신사와 관련된 분들입니다만, 헌법개정을 비롯한 다양한 주제의 정치운동에 열심인 분과 그렇지 않은 분 사이에는 역시 온도차가 있습니까?

"물론 온도차는 있습니다. 그런 일을 할 시간이 있다면 더욱 열심히 신사의 일을, 예를 들어 경내 청소라도 하는 편이 더 낫다고 말하는 사람도 있습니다. 다만, 한편에서는 제대로 정치활동을 하지 않으면 우리 신사계의 다양한 요구를 실현할 수 없다고 합니다. 이 나라의 행복을 생각할 때, 신사계가 생각하는 행복의 형태가 조금이라도 (정치에) 반영되기를 바라는 마음에서 설립한 것이 바로 우리 선배들이 조직한 신도정치연맹입니다.

이 조직의 설립배경을 말하자면, 역시 이 나라에 대한 위기감입니다. 특히 그 무렵(신정련이 설립된 1969년경)은 좌파운동이 한창이어서 이대로는 나라가 잘못된 방향으로 나아가게 된다, 자칫하면 이 나라의 국권과 천황 폐하를 중심으로 한 국체가 침범당한다, 그런 말까지 나돌던 시대였으니까요."

– 이를테면 공산주의에 대한 위기감인가요?

"그렇습니다. 바로 그런 위기감에서 신정련이라는 조직을 만들었고, 이후 원호법제화 운동이나 건국기념일을 제정하자는 운동을 해온 것입니다."

– 신사본청이건 신정련이건 정치운동을 열심히 하는 사람들은 역시 전쟁 전의 국가신도야말로 이상적이라고 생각합니까?

"글쎄요, 이제는 신사계도 대부분 전후 태생이어서요. 그 정도로 굳건한 국가의식, 국가주의의 화신 같은 일면은 사라지지 않았을까요? 전쟁 전의 평가에 관한 의견은 다양하겠지요."

– 일본회의와의 관계를 묻겠습니다. 신관들 가운데 일본회의의 운동에 적극적으로 관여하는 분은 어느 정도입니까?

"데이터는 없습니다. 다만 이것도 온도차가 있어서 가나가와 현(의 신사계)는 의외로 (일본회의의 활동에) 열심히 참여하는 편입니다. 그래도 신관의 15퍼센트나 20퍼센트 정도입니다."

- 꽤 많은 수군요. 동원력과 자금력에서 신사본청은 압도적인 조직이니까요.

"그것은 실제로 그렇다고 생각합니다. 인원동원 면에서도 부탁만 하면 각 지역에서 '각 마을에서 몇 명씩'이라는 형태로 내보내 주니까요."

- 예를 들어 신사본청이 어떤 집회에 맘먹고 사람을 동원한다면 얼마나 동원할 수 있습니까?

"정확히는 알 수 없고 (집회) 내용에 따라서도 다르겠지만 만약 '(일본) 무도관을 가득 채우자'고 한다면 금방 가능할 것으로 생각합니다."

- 무도관이라면, 1만이나 2만 명⋯⋯.

"그 정도 단위는 쉽게 (동원)할 수 있다고 생각합니다."

- 자금 면에서는 어떻습니까?

"신사계는 돈은 없어요(웃음). 신사는 지역민들, 지역 토박이들이 임원이나 대표가 되어 필요한 때에 도움을 주는 면은 있습니다만⋯⋯."

- 하지만 전 자민당 참의원 무라카미 마사쿠니 씨 등에게 물어보니 쇼와 천황의 재위기념 퍼레이드를 했을 때는 메이지 신궁이 자금 면에서 전부 도움을 주었다고 하던데요.

"메이지 신궁은 그렇겠지요."

- 무슨 말씀이신지?

"메이지 신궁은 일본 최고의 종교법인이니까요. 압도적인 자금력이 있습니다. 하지만 남의 일을 이러쿵저러쿵 떠들고 싶지는 않습니다."

이쯤에서 이시카와는 말끝을 흐렸다. 충분히 이해할 만한 반응이었다. 같은 신사계일뿐만 아니라 그 정점에 군림하는 거대 신사에 관해 이러니저러니 논평하는 일은, 어떤 업계에서나 마찬가지겠지만, 가능하다면 당연히 피하고 싶은 심정이었으리라.

그래서 나는 더 추궁하지 않았다. 하지만 메이지 신궁이 '일본 최고의 종교법인'이고, '압도적인 자금력'을 자랑한다는 점은 아무리 생각해도 의심할 여지가 없는 사실이었다.

메이지 천황과 그의 아내 쇼켄昭憲 황태후를 모시는 메이지 신궁은, JR 하라주쿠原宿 역 근처의 도심과 가까운 일등지에 광대한 경내외 부지를 소유 했는데, 이른바 내원과 외원을 합한 총면적은 실로 수십만 평에 달한다. 경내만 해도 수조 엔 단위의 자산이 될 것이 틀림없고, 게다가 프로야구 야쿠르트 스왈로스ヤクルトスワローズ의 본거지와 대학야구의 성지로 유명한 신궁 구장에서부터 결혼식장으로 인기 많은 메이지 기념관까지 모두 메이지 신궁의 자회사가 소유·운영하고 있다.

메이지 신궁의 경제적 측면을 둘러싼 과거 보도 가운데 경제지 《주간 다이아몬드週刊 ダイヤモンド》(다이아몬드 사)의 2011년 7월 2일자 발행호 기사에 따르면 메이지 기념관 그룹 자회사의 연간매출액만 약 110억 엔. 이 밖에도 신궁 외원에는 테니스클럽, 아이스 스케이트장, 골프 연습장 등이 있고, 대규모 재개발에 관한 소문 또한 끊임없이 도는 탓인지 메이지 신궁의 자금력은 신사계 내에서도 크게 눈에 띈다 하겠다.

게다가 《주간 다이아몬드》는 2016년 4월 16일자 발행호에도 신사 관련 특집을 게재했는데, 메이지 신궁의 자금력에 관해 다음과 같이 언급한다.

> 국내 굴지의 참배자 수를 자랑하며, 웨딩 사업과 구장운영에도 손대는 일본 제일의 부자 신사 메이지 신궁은 계속해서 대규모 재개발에도 착수하려고 한다.
>
> 초대객 60여 명에 430만 엔. 비수기인 1월 예식이라고 20퍼센트 할인받고, 나아가 피로연 동영상과 사진 촬영은 지인에게 부탁했음에도 '옵션을 더한 총액은 일반적인 예식비용보다 비쌌다.'
>
> 8년 전 도쿄 구 아카사카赤坂에 있는 오랜 결혼식장인 '메이지 기념관'에서 식을 올린 남성은 조금 불만스럽게 당시를 회상했다.
>
> 그런데도 메이지 헌법 초안을 심의했던 최고회의의 장인, 유서 깊은 피로연장이 있다거나 접객수준이 높다는 등의 평판 덕분에 일본식 전통예식을 바라는 커플에게는 여전히 절대적인 인기를 자랑한다.
>
> 이처럼 '돈을 긁어모으는 예식장'을 경영하는 주체는 신사계 최고 장사꾼으로 알려진 도쿄 요요기代々木의 메이지 신궁이다. 정월 초하루 참배객이 300만 명을 넘어 새전으로만 거액의 수입이 굴러 들어오는 일본 제일의 부자 신사라고 한다.

이 정도의 '부자 신사', 즉 메이지 신궁은 물론 특별한 존재일 것이다. 다만, 도심에 대규모 경내를 갖춘 유명신사는, 예를 들어 잉여부지에 주차장만 운영해도 막대한 수익을 올릴 수 있으므로 역시 자금 면에서 꽤 혜택받는 상황인 것만은 틀림없다.

다시 이시카와 마사토의 인터뷰로 돌아간다.

헌법개정 '천만 명 서명'의 실태

─ 지방 신사는 어떤지 몰라도 도쿄 도심 등의 신사는 자금
사정이 상당히 여유롭지 않습니까?

"도쿄의 신사는 역시 특별하지요. 특히 야마노테 선山手線 안쪽의
신사는 논외일 정도로 자금력을 보유하고 있다고 생각합니다."

─ 그 자금으로 일본회의의 활동을 지원합니까?

"나는 일본회의의 회계는 잘 모릅니다. 다만 가나가와에서는 예
를 들어 요코하마 관내 홀에서 (일본회의 관련) 집회를 하면 백수십
만(엔)이 들이기니 그중 몇 퍼센드는 우리 신정련에서 부담하사,
그런 이야기는 합니다."

─ 집회에 소요되는 비용의 몇 퍼센트 정도입니까, 절반인가요?

"그렇게까지는 아닙니다. 30이나 40퍼센트일 겁니다. 다만 그
정도는 늘 부담합니다."

─ 서명 모집 활동 등에도 협력합니다만 '아름다운 일본의 헌법을 만드는
국민 모임'이 전개하는 '천만 명 서명'에는 이시카와 씨의 신사를 비롯해
수많은 신사가 경내에서 서명 모집 운동을 벌였습니다. 서명 모집 운동에
는 어느 정도의 신사가 협력했습니까?

"글쎄요. (가나가와의 경우에는) 전체 1,100곳의 신사 중에서 100
곳도 안 될 거로 생각합니다. 10퍼센트가 안 됩니다."

이 '서명 모집'도 조금 보충하여 설명하겠다.

2016년 정월, 참배객으로 혼잡한 각지의 신사에서 있었던 특이
한 움직임 하나가 일부 언론의 시선을 끌었다. 신사에 따라 온도차

는 있었지만, 일본회의가 주도하는 '아름다운 일본의 헌법을 만드는 국민 모임'의 포스터를 붙이거나 깃발을 세우고, 신사 경내에서 헌법개정 찬성 서명을 요구하는 활동을 전개한 것이다.

이들 신사가 상당수에 달한 것으로 보이자《도쿄 신문東京新聞》은 일반지로서는 한발 앞서 이런 움직임을 알렸는데 같은 해 1월 23일자 조간 특보 면에 실린 보도내용이다.

22일 오후, 도쿄 도 미나토 구의 노기 신사乃木神社를 찾았다. 경내 왼편 안쪽에는 절반이 넘게 핀 하얀 매화가 보였고, 휴대전화로 촬영하는 노부부의 모습이 보였다.

매화 맞은편 매점 옆에는 이질적인 공간이 있었다. '헌법은 우리의 것, 우리가 생각하는 헌법개정'이라고 쓰인 깃발. 포스터에는 '국민의 손으로 만들자, 아름다운 일본의 헌법'이라고 쓰여 있다.

앞에 놓인 책상에는 '나는 헌법개정에 찬성합니다'라는 제목의 서명지가 있고, 이름과 주소, 전화번호의 기재를 요청하는 안내가 있었다.

같은 구의 아카사카 히카와 신사氷川神社에서도 비슷한 풍경을 볼 수 있었는데, 새전함 옆에 '헌법의 내용을 새롭게 고치자'고 쓰인 서명지가 놓여 있었다.

이는 일부 신사에서만 벌어지는 활동이 아니라고 한다.

"'아름다운 일본의 헌법을 만드는 국민 모임' 활동의 하나로 각 신사가 실정에 맞게 서명을 모집한다." 전국 약 8만 곳의 신사를 포괄하는 종교법인 신사본청은《도쿄 신문》특보부의 취재에 이렇게 답했다. (중략)

경내에 있는 서명지와 포스터는 아주 부드럽고 간결한 표현으로 정리되어 있었다. '헌법의 좋은 점은 지키고, 적절하지 않은 점은 새롭게', '세계 평화와 번영에 공헌하는 일본의 사명, 그것을 반영한 헌법이야 말로 바로 지금 요구된다'는 식이다.

다만, 노기 신사에 있던 서명지 아래쪽에는 이런 설명서가 있었다. '찬성자 여러분께는 국민투표 시 개헌 찬성을 요청할 수 있습니다.'

나 자신도 이 기사가 게재된 후 얼마 지나지 않아 도쿄 도내 몇몇 유명 신사를 방문하여 여러 신사가 서명 모집 활동을 하는 모습을 목격했다. 조사해보니 분명 신사본청의 의향이 반영된 것으로, 2015년 11월 23일자 《신사신보神社新報》 제2면에는 다음과 같은 '논설'이 실렸다. 신사본청이 1946년에 창간한 《신사신보》는 현재 주식회사의 조직 형태를 취하고는 있지만 신사본청과 신사계 의향을 대변하는 기관지 언론으로 생각해도 무방하다. 조금 길게 인용해보자.

> 일본 역사와 국가특성에 따른 헌법개정의 조기실현을 목표로 '아름다운 일본의 헌법을 만드는 국민 모임'이 설립된 이래, 일본회의와 신도 정치연맹이 중심이 되어 국민운동을 추진해왔다. 이미 전국 도도부현에는 '현민회'가 결성되어 찬성 서명은 445만 명에 이르렀고, 국회의원 서명도 당파를 불문하고 422명을 획득하기에 이르렀다. 이는 운동의 큰 성과이며, 향후 천만 찬성 서명의 달성과 국회의원 서명 및 지방의회 결의 획득을 목표로 더욱 열심히 노력하며 나아가야 한다. 헌법개정의 국회발의를 촉진하려면 널리 국민의 열성에 바탕을 둔 운동을 활발히 전개해야 하기 때문이다. (중략)

현재 헌법개정의 분위기가 드디어 무르익었다. 이미 중의원에서는 개헌파 세력이 3분의 2에 달했고, 아베 총재의 임기도 3년이 남았다. 이제는 내년 7월 참의원 선거에서 개헌파 승리를 목표로 전력을 집중해야 한다. 참의원에서 개헌파가 3분의 2 의석을 확보할 수 있다면 마침내 국민투표에 부칠 수 있다.

신사계 중에는 왜 신관이 헌법개정을 위한 서명 활동까지 해야 하는지 아직도 의문시하는 사람이 있다고 들었다. 만약 신관이 신사를 지키는 데에만 힘쓰고 나라의 근본을 바로잡는 활동에 종사하지 않는다면 이 나라는 대체 어떻게 되겠는가? 깊이 생각해봐야 할 것이다. 우리 자신의 열의와 활동 노력으로 헌법개정을 반드시 실현해야 한다.

《신사신보》가 사실상 신사본청의 기관지라는 점을 고려하면, 각지 신사 경내에서 이루어진 서명 모집이 신사본청의 의향에 따랐다는 점은 분명해 보인다. 그뿐만 아니라 신사본청이 이렇게 격렬하게 선동한 것과 다름없다. 즉, 신사계와 일본회의 등이 함께 바라는 헌법개정이 마침내 실현 가능해지고 있으니, 아베 정권 아래에서 어떻게든 실현하려면 전국의 신관들도 전력을 다해 개헌 찬성을 위한 서명 모집에 매진해야 한다고 말이다.

그렇지만 많은 신사에서 당황하는 목소리가 들린다. 이시카와 마사토의 인터뷰로 돌아가자.

– 실제 서명 모집을 한 신사가 가나가와에서는 전체의 10퍼센트 정도라고요?

"예. 모두 일본회의 활동을 이해하고 헌법개정에도 찬성하지만,

신사로서는 이런 활동(서명 모집)을 신사에서 하면 (참배하러) 온 사람들이 또 어떻게 생각할지, 어떻게 볼지 신경 쓰이는 것이겠지요. 이런 이유로 직접 활동에 나서는 것까지는 조금 꺼리는 사람(신관)이 많지 않을까요?"

— 특히 지역과 친밀한 관계에 있는 신사라면 더 그렇겠군요. 해당 지역에는 다양한 정치적 입장을 지닌 사람들이 있기 마련일 테니까요.

"바로 그렇습니다. 자민당 지지자건 민주당 지지자건, 아니면 공산당 지지자건 모두 신사를 찾아올 테니까요. 사상과는 상관없이 모이는 것이 축제라서 어려운 점이 있습니다."

'개헌파를 규합하고 싶다'

— 그런데 일본회의는 일본회의 국회의원간담회와 지방의원연맹을 조직해서 결국 정치는 네트워크를 구축하였고, 신도정치연맹에도 신정련 국회의원간담회 회원들이 많습니다. 의원 입장에서 가입의 이점은 무엇입니까? 단도직입적으로 묻겠습니다만, 득표에 도움이 됩니까?

"글쎄요."

— 선거 때 정치자금이나 일손과 같은 지원은 어떻습니까?

"뭐, 조금은 있겠지요. 이번 참의원 선거(2016년 7월 실시)에서 신정련은 야마타니 에리코山谷えり子 씨(를 추천하기)로 정했는데, 그전에는 아리무라 하루코有村治子 씨였습니다. 덕분에 두 사람 모두 장관이 되는 등 큰 성과가 있었다고 생각합니다. 아리무라 씨(지난번 선거) 때도 나름 (득표) 성적이 좋았습니다. 대부분은 역시 일본회의

와 신사계 힘이었다고 생각합니다. 그런 자부심은 있습니다. 이번 (참의원 선거)에서도 야마타니 씨는 상당한 득표수로 당선될 것이 틀림없습니다."

– 그 정도로 조직력이 있다는 뜻이겠지만, 일본회의 국회의원간담회건 신정련 국회의원간담회건 또는 지방의원 모임도 그렇습니다만, 그렇게 많은 멤버가 이름을 올리면 그중에는 정말로 신념을 가진 사람도 있겠지만 아베 정권이니까 어쩐지 그쪽에 속하는 편이 낫겠다는 의원도 있지 않을까요?

"권유를 받았다거나 인맥을 만들려는 의도로 입회한 사람도 있겠지요. 하지만 그와 반대로 민주당 내에도 개헌파가 상당수 있어서 그들이 멀리서나마 힘이 돼준다는 점 또한 무시할 수 없는 사실입니다. 어쨌거나 우리는 자민당에 한정하지 않고 개헌파를 규합할 생각이에요. 그것이 일본회의의 운동이니까요."

– 또 한 가지 묻고 싶습니다. 일본회의 핵심이나 주변에는 생장의 집 출신자가 꽤 많은데 그 사람들을 어떻게 생각합니까?

"나도 젊은 시절에는 함께 활동했습니다."

– 이시카와 씨도 학생 시절부터 운동을?

"나는 고등학교와 대학 모두 고쿠가쿠인이었고, 대학에서 전공은 신관을 양성하는 학과였습니다. 70년대 안보시대에는 고쿠가쿠인에서도 좌익운동이 격렬했어요. 나는 대학 신전을 청소하거나 제사를 돕는 서클에 들었습니다만, 좌익 무리가 신전에 화염병을 던지기도 했지요. 신전을 지켜야 했으니까 우리도 경비를 섰습니다.

그런 가운데 좌익에 대항하는 민족파 학생들이 '건학정신을 회복하자'거나 '일본의 국체를 소중히 하자'는 운동을 시작했어요. 중심에 선 이가 바로 고쿠가쿠인의 명예교수인 오하라 야스오 씨입니다. 지금도 보수파 논객으로 열심히 활동하고 있지요."

이시카와가 말하는 고쿠가쿠인 대학 명예교수 오하라 야스오는 우파논객으로, 지금도 활발히 활동하는 한편 일본회의에서도 정책위원회 대표 등을 맡고 있으며 일본회의의 각종 행사에 종종 연설자로도 등장한다. 사무총장 가바시마 유조, 일본대 교수 모모치 아키라, 일본정책연구센터 소장 이토 데쓰오 등도 회원인 일본회의 '신헌법연구회'의 일원이기도 하며 《신헌법의 권장: 일본 재생을 위해新憲法のすすめ―日本再生のために》(2001년, 메이세이샤明成社)라는 공저에서는 헌법개정 문제를 다루었다.

> 장래 올바른 헌법상의 구상에 즈음하여 우리가 먼저 생각한 것은 '개헌인가, 자주헌법의 제정인가 아니면 무효 복원인가' 하는 등의 시작부터 가로막힌 기존 교리문답을 피하는 것이었습니다. (중략) 그런 의미에서 '신헌법의 대강'이라는 제목을 선택했습니다.

여기서의 헌법개정 문제를 둘러싸고 지금까지 우파 내부에서도 '개헌인지, 자주헌법 제정인지 또는 무효 복원인지'에 관한 의견이 분분했다는 점에 유의해주었으면 한다. 나아가 종교상의 진리와 가르침을 의미하는 '교리'라는 단어를 쓴다는 것은, 일본회의라는 우파조직의 본질을 나타낸다는 점에서 의미심장한데 이는 뒤에서 언급하기로 하고 이시카와와의 인터뷰를 이어가고자 한다.

– 고쿠가쿠인의 학생 시절에 생장의 집 출신 활동가와도 교류를?

"예. 당시 생학련 (출신자)나 일본청년협의회, 일본협의회, 이런 생장의 집 관련 분들이 현재까지 활발하게 활동하고 있습니다. 학생운동이 한창이던 시절, 좌익이 그토록 득세하던 시대에 이대로는 일본이 위험하다고 생각한 청년들과 학생들로, 그들이 지금까지 열심히 활동하는 것입니다."

– 일본회의 사무총장인 가바시마 유조 씨도 그렇고, 총리 보좌관인 에토 세이치 씨도 그렇고, 왕년 생장의 집에서는 일본회의 운동에 많은 인재를 배출하고 있습니다.

"생장의 집은 다니구치 마사하루 선생의 사상을 계승하여 다양한 활동을 전개했는데, 그에 감화한 사람들이 많습니다."

– 잘 모르는 사람들은 위화감을 느끼기도 합니다만, 신사본청이나 신사계 입장에서 생장의 집은 신흥종교잖아요. 같은 종교라는 의미에서는 경쟁 관계에 있지 않습니까?

"신사를 지지하는 조직은 다양합니다. 물론 일반 대중도 있습니다만, 한편에는 그런 신흥종교 교단이 지지해주는 부분도 있습니다. 신사의 행사나 다양한 형태로요."

– 예를 들면?

"대다수 (신흥종교의) 교조는 고맙게도 이세(이세 신궁)를 중시하고 지역 신사를 소중히 하자는 곳이 많아요. 과거 생장의 집도 그랬고, 불교계와 신도계를 불문하고 주로 대부분 재가종교在家宗教 (생활의 토대인 가정을 수행의 장으로 하는 종교 — 옮긴이) 교단 분들입니다. 모두 이세 신궁을 중시하고 지역 신사를 소중히 하자고 가르치는 교단입니다."

– 그들 교단의 상층부는 일본회의에서도 임원 등에 종사합니다. 즉, 신흥종교단체 역시 일본회의나 신정련의 활동을 지지한다는 말이지요.

"지지합니다. 그런 교단 대부분이 우리 신사계 활동을 지지하며, 일본회의의 활동에도 다양한 종교 교단이나 자위대 퇴역군인회, 일본유족회 등이 힘이 됩니다. 동원 면에서는 확실히 신사계와 종교 교단이 막강한 힘을 발휘합니다."

– 신사계는 물론입니다만, 신흥종교단체도 동원력이 있습니까?

"늘 저희 쪽의 요청으로, 예를 들어 100명을 부탁하면 100명을 보내주는 곳이 몇 군데 있습니다."

– 하지만 종교단체가 정치활동에 깊이 관여하는 것을 어떻게 생각합니까? 정교분리는 근대민주주의 사회의 원칙이며, 종교단체가 헌법개정 등을 이처럼 조직적으로 호소하는 것은…….

"위화감이 느껴진다는?"

– 예.

"다른 나라들을 봐도, 일본보다 훨씬 (정치와 종교가) 분리되어 있지 않아요. 또한 신사계가 생각하는 나라의 형태를 확실히 유지해야 하고, 그런 의미에서 정치적인 부분과 관련한 활동이 필요하다고 나는 생각합니다. 우리 처지에서 보면, 전후 코민테른 Comintern(공산주의 인터내셔널―옮긴이) 운동의 잔재이기도 한 (현행) 헌법이나 그 밖의 것들, 즉 한때 흔히 말하던 전후 질서체제가 이 나라에 계속 만연한 탓에 이대로는 나라의 장래가 어둡다는 생각을 떨칠 수가 없습니다. 그래서 우리도 지금 하는 활동에 더욱 힘쓰는 것입니다."

– 당분간 최대목표는 역시 헌법개정입니까?

"그렇지요. 헌법개정은 이 나라를 정상화하는 방법이자 나라의 도통道統을 유지하고 후세에 계승하기 위한 수단으로서, 지금은 가장 소중한 테마라고 생각합니다."

– 하지만 헌법개정에 관해서 어디를 어떻게 바꿀지는 우파 내에서도 의견이 분분한 것 같습니다. 다니구치 마사하루의 가르침을 절대시한다면, 생장의 집 출신자들도 현행 헌법의 '개정'이라는 논리를 이해하지 못할 것입니다.

사회가 혼란스러운 것은 신앙심이 없기 때문

여기서 내 질문에 대한 해설이 필요하다고 생각한다.

앞장에서도 약간 다뤘지만, 생장의 집 교조 다니구치 마사하루는 비정상적 점령기 상황에서 강요된 현행 헌법은 무효이며 이를 파기하고 메이지 헌법을 '복원'한 후 '개정'해야 한다고 계속 주장해왔다. 그 가르침에 따르면 생전의 다니구치 마사하루 신봉자로서는, 현행 헌법의 존재를 인정하는 헌법 '개정' 운동은 모순으로 가득한 데다 도저히 이해할 수 없는 것으로 여겨지는 모양이다. 바로 이 짐에서 우파 내부의 개헌논의에는 의견이 분분하며, 때로는 '교리문답'에 빠져버렸다고 '자성'하는 이유이기도 하다.

실제로 내가 일본회의를 취재하던 동안에도 일본회의가 주관하는 집회장 앞에서 이런 내용의 전단을 배포하는 다니구치 신봉자가 일본회의 측과 다소 실랑이하는 장면을 목격했다. 예를 들어 다니구치 마사하루의 교의를 원리주의적으로 신봉하는 생장의 집 분

파 '도키미쓰루카이ときみつる会'의 쓰보타 요코坪田陽子가 그런 사람 중 하나다. 쓰보타를 만나 이야기를 들어보니 역시 다음과 같이 열변을 토했다.

"지금 현행 헌법의 개정으로 (일본회의의 운동 방향이) 흘러가고 있습니다만, 이를 저지하기 위해 필사적입니다. 에토 (세이치) 씨까지 (현행 헌법의) 개정 쪽으로 기울어 있어 정말 곤란합니다."

그렇다고는 해도 들어보면 쓰보타도 근본적인 부분에서 일본회의나 아베 정권에 이의를 제기하는 것은 아니었다. 실제로는 오히려 더욱 열성적인 응원단이다. 계속해서 쓰보타의 이야기.

"결국에는 나도 아베 정권에 걸고 있어요. 아베 총리가 (현행 헌법은) '무효'라는 말만 해주면 되니까요. 아베 총리를 지지하는 의원을 후원하고 싶습니다. 에토 씨나 이나다 (도모미) 씨도 그렇지만, 응원하고 있어요(웃음). 가바시마 (유조) 씨도 지금까지 뿔뿔이 흩어졌던 보수 운동을 제대로 통합하는 중인데, 고생이 많다고 생각합니다."

그러고는 다음과 같이 말하며 나까지 설득하려 들었다.

"사회가 혼란스러운 것은 신앙심이 없어서입니다. 당신도 한 번 생각해보세요. 신앙심을 갖고, 일본이라는 나라를 사랑하고, 나라를 위하는 마음을 굳건히 해야 합니다. 옛날에는 (다니구치) 마사하루 선생님이 '이 사람'이라고 하면 '네' 하고 말없이 (응원)할 수 있었는데 말이죠……."

이는 극단적인 예이기는 해도 헌법개정을 둘러싼 우파의 생각은 분명 한결같지는 않다. 특히 종교단체 출신자에게 늘 따라붙기 마련인 '교리문답'을 극복하고 어떻게든 대동단결하는 형태로 정리하는 데에 성공한 것이 일본회의였다고도 할 수 있다.

운동하기 쉬워지다

다시 이시카와 마사토와의 인터뷰로 돌아가자.

– 헌법개정 하나만 해도 매우 다양한 의견이 있는데, 그것을 대동단결한 일본회의 밑에서 개헌을 위한 서명 모집 활동을 열심히 하는 것이군요.

"네에. 어쨌든 지금은 헌법개정을 향해 일점 돌파의 장을 함께 찾아보려 하고 있지요. 예를 들면 긴급사태 조항 이런 부분에서 일점 돌파하려는 것이 (운동의) 테마 중 하나입니다."

– 일본의 사회 분위기도 변하고 있다고 느낍니까?

"그렇습니다. 나는 벌써 30년 넘게 쇼와 천황 폐하의 재위 60주년 봉축운동 때부터 이 활동에 관여했습니다만, (일본회의 등의) 존재감이 확실히 인식되고 있다 또는 인정받고 있다는 분위기를 느낄 수 있습니다."

– 그 이유는 무엇이라고 생각합니까?

"예를 들면 아베 정권이 들어선 후에 우리 의견을 주장하기 쉬워졌다든가 다양한 견해가 있겠습니다만, 확실히 활동하기가 쉬워졌습니다. 서명 활동이건 포스터건 신사 앞에 내걸어도 불만을 제기하는 일이 전혀 없습니다. 지역과 행정을 포함해서 (운동을) 하기 쉬워졌다는 느낌입니다."

– 역시 아베 정권의 탄생이라는 정치적인 동향과 관계있는 것일까요?

"그렇겠지요. 아니, 그보다는 일본의 분위기 변화, 시대가 아베 정권을 탄생시킨 것인지도 모릅니다. 중국의 움직임 등이 일본인에게 위기의식을 느끼게 하니까요. 하지만 성과 면에서는 아직 멀었습니다. 지금부터 시작이지요."

– 당분간은 일단 헌법개정에 집중하신다는?

"예, 그렇습니다."

일본 사회의 변질을 둘러싼 이시카와의 상황인식이 옳으냐 그르냐와는 별개로, 그의 이야기에서 희미하게나마 윤곽이 꽤 드러났다고 생각한다. 신사본청과 신사계의 본심, 일본회의와 신사계의 관계, 생장의 집을 비롯한 신흥종교단체와 일본회의, 신사계와의 관계, 혹은 일본회의의 조직활동과 자금원 등의 실태까지……. 이를 나 나름대로 정리하면 다음과 같다.

이미 여러 번 언급했듯이 일본회의의 실무적·이론적인 핵심에는 전후 일본의 우파운동을 지지한 신흥종교인 생장의 집 출신들이 대거 포진해 있으며, 지금도 그들은 꾸준한 활동전개와 이론구축의 구동력이다. 다만, 동원·자금·영향력 등 여러 면에서 일본회의를 강력하게 지지하는 것이 신사본청을 정점으로 하는 신사계이며, 여기에 여러 신흥종교단체의 측면 지원까지 더해진다.

일본회의와 그 별동대가 각지에서 개최하는 다양한 집회에는 종교단체와 신사계가 상당수 참가자를 동원하여 정치적 호소력을 높이는 데 크게 공헌하고 있다. 또한 집회나 이벤트 등에는 상당액의 자금을 제공하여 '개헌 찬성' 서명 모집에도 조직적으로 협력한다. 물론 실제로는 신사에 따라 온도차가 있고, 공공연하게 협력하는 신사가 이를테면 10퍼센트 정도라 해도 전국에서 8만 곳이 넘는 신사계의 영향력은 절대 경시할 수 없다. 또한 그들은 일본회의와 밀접한 관계를 맺으면서 우파정치가를 열심히 지원하고, 득표 면에서 조직적인 영향력을 행사하고 있다.

그들 혹은 그녀들은 현행 헌법과 그것이 상징하는 전후체제를 노골적으로 혐오하며 어떻게 해서든 무너뜨리고자 한다. 그리하여 종교적 차이에서 비롯된 작은 이견들을 버리고 하나로 대동단결하여 일본회의라는 정치집단으로 결집했다. 이러한 실태를 고려하면, 일본회의는 표면적인 '얼굴'로 우파계의 유명한 문화인, 경제인, 학자를 내세우지만, 실제 모습은 '종교 우파단체'에 가까운 정치집단이라 할 것이다. 거기에 배경음악처럼 깔린 것이 바로 전쟁 전 체제, 즉 천황 중심 국가체제로의 회귀 욕구다.

그렇다면 일본회의의 활동은 과거 이 나라를 파멸로 이끈 복고체제와 같은 것을 다시금 초래할 위험성이 있는 동시에 '정교분리'라는 근대민주주의의 대원칙을 근본에서부터 흔들 위험성까지 내포한 정치운동이라고도 할 수 있다. 그런데 그 '종교 우파집단'이 선도하는 정치활동이 지금 확실하게 기세를 떨치며 현실정치에 영향력을 높이고 있다.

4장

풀뿌리 운동의 궤적

최초의 성공체험

　일본회의는 1997년 5월에 결성되었지만, 그 이전이
나 이후에도 일본회의의 모체가 된 조직은 다양한 '국민운동'을 전
개해왔다.

　일본회의 결성을 위해 대동단결한 두 우파조직, 일본을 지키는
모임과 일본을 지키는 국민회의도 그랬고, 생장의 집 학생조직인
생학련(생장의 집 학생회전국총연합)의 계보를 잇는 일본청년협의회와
일본협의회도 각종 '국민운동'의 사무국 같은 역할을 담당해왔다.

　가장 최초로 추진한 대대적인 '국민운동'은 건국기념일 제정과
원호법제화 운동이었다. 이 중 후자인 원호법제화 운동의 개요를
살펴보자.

　앞서 언급한 것처럼 전쟁 전의 구 황실규범에는 원호에 관한 규
정이 있어서 메이지나 다이쇼大正, 쇼와昭和와 같은 원호에 법적인

근거가 있었다. 그러나 이런 원호는 전후 폐지되어 법적 근거를 잃었다. 쇼와라는 원호가 일반적으로 계속 쓰였지만 어디까지나 관습에 따른 것으로, 법적 근거가 없었기에 쇼와 천황이 서거한 때는 쇼와가 사라지고 후계 원호가 정해지지 않을지 모른다는 위기감이 보수파와 우파 안에 팽배했다.

그런 가운데 신사본청, 생장의 집, 그리고 다양한 민간 보수 단체 등이 전국적인 운동을 전개하여 1978년 '원호법제화 실현 국민회의'가 결성되었다. 의장에 전 최고재판소 장관인 이시다 가즈토를 영입하여 활발한 운동을 펼쳤다.

그 결과 1979년 6월에 원호법이 제정되었다. 그로부터 약 10년을 거슬러 올라간 1966년에는 2월 11일을 건국기념일로 정하여 국정공휴일로 삼은 공휴일법이 개정되기도 했다. 2월 11일은 전쟁 전의 기원절로, 일단 이것으로 당시 우파 정치운동이 염원하던 '기원절의 부활'이 실현됐다고 할 수 있다.

두 가지 운동은 전후 일본의 우파 정치운동에서 최초의 '성공체험'이며 이후 운동의 원점이 되었다. 앞장에서 소개한 케네스 루오프의 저서 《국민의 천황: 전후 일본의 민주주의와 천황제》에서는 그 경과와 의미를 알기 쉽게 분석했다. 조금 길지만 읽어주기 바란다.

1950년대 후반에 헌법개정 전망이 불확실해지자, 개정에 열중하던 사람들과 단체는 그 에너지를 다른 문제, 특히 상징 천황에 관한 분야로 돌렸다. 우파단체는 기원절(후일의 '건국기념일')의 부활과 원호법제화 운동에 앞장섰고 결국 1979년에 '원호법'이 제정되었다. 이때부터 일본에서는 공식적으로 원호를 쓰게 되었다.

천황제의 재확립을 도모하는 여당 자민당을 향한 비판이 '위로부터' 이어졌지만 이미 돌이킬 수 없었다. 국회가 건국기념일을 정하고 원호법을 제정한 것은, 두 가지 법제화를 요구하는 '아래로부터'의 국민적 운동에 자민당이 마침내 무거운 몸을 일으킨 결과였기 때문이다. 좌파는 기존 체제에 대한 자신들의 항의와 연결 지어 민주주의를 '이의제기나 참가형 사회운동'으로 인식하는 경향이 있는데, 우파 그룹도 사회운동을 통해 현실에 도전했다. (중략)

기원절의 부활과 원호법제화를 목표로 국회에 압력을 가하기 위해 우파단체는 지금까지 좌파운동의 전유물이던 다양한 풀뿌리 운동의 기술을 도입했다. 이들 우파조직은 일본의 다양한 '세상', 즉 '시민사회' 일부를 구성하며, 그 정치적 영향력 또한 무시할 수 없다. (중략)

기원절의 부활이나 건국기념일의 확립을 요구하는 운동(1951~1966)이 특히 시선을 끄는 이유는, 그것이 우파단체가 주도한 최초의 운동이며 나아가 상당수 지지자를 불러 모아 기본적인 정치목표를 훌륭하게 달성했기 때문이다. 건국기념일 운동과 원호법제화 운동(1968~1979)은 이에 관여한 참가자와 그 정치적 전개방법이라는 양면에서 놀랄 만한 연속성이 존재한다. 그들은 수년에 걸쳐 민주적인 정치질서 속에서 운동을 성공으로 이끄는 비결을 배웠다고 할 수 있다.

(원문 그대로 인용)

우파에게는 최초의 '성공체험'인 기원절 부활과 원호법제화 운동이 '아래로부터의 국민적 운동'으로 완수되었다는 케네스 루오프의 지적은 흥미롭다. 그와 동시에 '좌파운동의 전유물이던 다양한 풀뿌리 운동의 기술을 도입했다'는 부분에도 주의를 기울일 필요가 있다.

'아래로부터'의 운동과 '위로부터'의 정치력

1960년대부터 1970년대 초반 전국 대학을 석권한 전공투 운동에 대항하고자 결성된 우파 학생단체는 좌파운동의 수범을 흉내 내고 배워가면서 지지지와 조직 확대에 힘썼다. 그 인맥이 현재 일본회의의 운동으로 이어지고 있다. 일본회의와 수많은 프런트 단체가 광범위한 '풀뿌리 운동'을 전개함으로써 다양한 복고정책에 대한 지지 확대를 호소하고 있으며, 때로는 그것이 아베 정권을 자극하거나 아베 정권의 정치 목표를 지지하는 힘의 원천이 된다. 그렇게 생각하면 현대 일본의 상황은 케네스 루오프가 말하는 '아래로부터'의 운동과 '위로부터'의 정치력이 훌륭하게 연계하면서 우파가 염원하는 정책실현 환경이 갖추어졌다고도 할 수 있다.

그렇다면 '좌파운동의 전유물이던 다양한 풀뿌리 운동의 기술'을 도입하여 '성공체험'을 획득했다는 우파의 정치운동이란 구체적으로 어떤 것인가? 또한 그러한 '기술'을 도입하면서 일본회의나 그 모체가 된 우파조직은 과연 어떤 운동을 전개해왔는가?

이를 안다면 일본회의 활동의 원점과 실태를 파악하는 데 도움이 될 것이며, 동시에 일본회의가 지향하는 바를 알게 될 것이다.

또한 일본회의와 전후 일본 우파가 '가장 염원하는 테마'가 무엇인지를 새삼 알게 될 것이다.

따라서 이 장에서는 원호법제화에 성공한 1970년대로 거슬러 올라가 일본회의와 그 모체가 된, 일본을 지키는 모임과 일본을 지키는 국민회의가 전개해온 운동의 구체적인 내용과 경과를 검증하고자 한다.

주요 참고문헌은 일본청년협의회와 일본협의회의 기관지《조국과 청년祖国と青年》이다. 이미 수차례 언급했지만 두 그룹을 이끈 가바시마 유조는 현재 일본회의의 조직적 핵심인 사무총장을 맡고 있다. 또한 가바시마 자신도 그렇지만, 두 그룹은 본디 생장의 집 출신자들이 결성했고 현재는 일본회의와 같은 장소에 본부 사무소를 두고 있다. 즉, 실질적으로 일본회의 사무국과 같은 역할을 담당하는 것이다.

기관지《조국과 청년》은 1970년 일본청년협의회의 결성과 동시에 창간되어 각 시기에 추진한 정치운동의 개요와 내용을 상당히 자세히 기록했으며, 일본회의와 함께 전후 일본 우파운동의 실태를 파악할 수 있는 적절한 자료가 되기도 한다.

또한 일본청년협의회와 일본협의회 그리고 기관지인《조국과 청년》에 초점을 맞추는 것은, 일본회의와 함께 전후 일본 우파운동의 사무국 역할을 계속 담당했으며 현재 일본회의 사무총장인 가바시마 유조라는 인물과 그 사상을 아는 데 도움이 될 것이다. 이 또한 이 장의 목적 중 하나이며《조국과 청년》에 게재된 가바시마의 논문은 필요에 따라 적절히 이용하기로 한다.

이러한 취지를 토대로 1970년대부터의 주요운동을 시간 순서에 따라 소개한다.

올바른 궤도로 이끄는 싸움

▶ 정부 주최 '헌법기념식전' 규탄 __ 1976년

현 헌법이 시행된 지 30년을 맞이하던 해에 일본 정부는 5월 3일 헌법기념일에 맞춰 24년 만에 정부 주최 헌법기념식전을 도쿄 나가타초永田町 헌법기념관에서 개최했다.

당시 여당인 자민당 총재로 정권을 이끈 인물은 온건파로 알려진 미키 다케오三木武夫였다. 미키는 이 기념식 직후에 중의원 본회의장에서 '(미키 내각은) 헌법개정을 추진하지 않는다, 개헌 운동을 추진하지 않겠다'고 분명히 선언하면서 개헌을 주장하던 우파로부터 강한 반발과 적의를 샀다.

이에 일본청년협의회를 비롯한 우파 운동단체는 자민당 내 강경파 위원들과도 손을 잡고 정부가 기념식을 주최한 바로 그날에 '정부 주최 헌법기념식전 규탄! 국민대회'를 개최한다. 그것도 도쿄 나가타초에 있는 자민당 본부 대강당에서.

이 '국민대회'에는 나카가와 이치로中川一郎나 나카오 에이치中尾榮一, 생장의 집으로부터 지원받은 다마키 가즈오 같은 유명한 자민당 강경파 의원이 참가했고, 자민당 본부 전면에는 '헌법기념식전을 규탄한다'고 크게 쓰인 현수막이 내걸렸다.

가바시마 유조는 '국민대회'에서 '실행위원장'을 맡았다. 《조국과 청년》에 따르면 대회 당일 가바시마는 단상에서 다음과 같이 호소했다고 한다. 운동을 향한 집념이 느껴지는 내용이므로 조금 길더라도 게재된 원문을 그대로 인용한다.

> 수도의 중심에 자리한 국회의사당을 사이에 두고 한편에서는 미키 총리가 헌법을 기념하는 행사를 개최하고, 다른 한편에서는 헌법기념행사를 규탄하는 국민대회가 열린다는 사실은, 실로 오늘날 일본의 모순된 현실을 그대로 보여준다고 생각합니다.
>
> 과거 미시마 유키오 씨는 자민당이 호헌정당이 되어버렸다고 한탄했습니다.
>
> 그(미시마 유키오가 자결한 날 – 인용자 주)로부터 6년의 세월이 흘렀습니다. (중략) 그 6년 동안 미시마 씨가 우려한 자민당의 위기는 더욱 심각해져 지금은 입당의 정신을 완전히 잃고 부패했다는 것을 우리는 인식해야 합니다.
>
> 우리 규탄 국민대회의 분노의 외침이 당 총무회에서 자민당의 호헌의원을 눌러, 그 결과 나카소네 간사장이 당 최고 결정기관에서 "내년에는 절대 개최하지 않겠다"고 발언한 것은 (박수) 우리의 결의가, 이 규탄대회의 성과가 멋지게 나타난 것으로 생각합니다.
>
> 또한 4월 26일 참의원 예산위원회에서 정부 주최의 헌법기념행사를 문제 삼아 다마키 선생님이 미키 총리의 헌법에 대한 자세를 혹독히 비판하고 정부 행사 본연의 모습을 추궁하는 가운데, 미키 총리 스스로 천황 폐하 재위 50년 대제전을 올해 안에 개최하겠다고 발언하게 한 일은 (박수) 우리에게는 실로 중요한 문제라고 생각합니다.
>
> 여러분, 전후 30년 동안 좌파세력, 즉 혁명세력의 부상으로 자민당은 계속 좌파 쪽으로 치우쳐왔고, 나아가서는 일본이 좌파의 공세 속에

왼쪽으로 선회하는 형태로 나라 흐름이 움직였다고 할 수 있습니다.

이때 천황과 헌법이라는 일본의 가장 핵심문제에 관해 우리의 의견과 행동이 나카소네 간사장에게 "내년에는 헌법기념행사를 개최하지 않겠다", 미키 총리에게는 "올해 안에 재위 축하행사를 개최하겠다"고 발언하게 한 것은 좌로 선회하는 나라 흐름에 커다란 제동을 가한 것이며, 나아가서는 민족의 가치를 구현하는, 실로 역사를 올바른 궤도로 이끄는 싸움으로, 우리는 이러한 싸움을 강력히 추진해나아가야 한다고 생각합니다. (박수)

《조국과 청년》 1976년 제24호. 원문 그대로. 이하 같음)

좌파세력의 '횡행'에 대항하여 자민당과 더불어 일본 정치를 '올바른 궤도로 이끄는 싸움'을 전개해야 한다, 이렇게 호소하는 주장에서 지금도 일본회의의 중추를 맡은 가바시마의 방향성과 사상을 엿볼 수 있다.

47 도도부현에 '캐러밴대'

▶ 원호법제화 운동 __ ~1979년

최종적으로 원호법을 제정하는 데 성공한 원호법제화 운동은 앞서 케네스 루오프의 분석을 통해 소개한 것처럼 '운동을 성공으로 이끄는 비결'을 습득한, 전후 우파에게는 획기적인 사건이었다.

그 경위를 간략하게 살펴보면, 일본을 지키는 국민회의와 가바시마가 이끄는 일본청년협의회 등의 우파단체는 1977년의 여름과

가을에 전국 각지에 '원호법제화 추진 전국횡단연설=원호 캐러밴 대'를 파견했다. 각 지방에서 운동을 조직화하는 한편, 원호법제화를 요구하는 결의를 채택하도록 지방의회에 촉구하는 것이 목적이었다.

《조국과 청년》에 따르면 이러한 시도에 일찍부터 자금·활동 면에서 협력한 것은 역시 신사본청과 전국의 신사계였던 듯하다. 압도적인 자금력을 자랑하며 전국 방방곡곡에 네트워크를 보유한 신사본청과 신사계의 지원은 상당히 강력했을 것이다. 여기에 생장의 집, 불소호념회와 같은 신흥종교단체 외에 일본유족회 등도 가세하고, 자민당 본부에서도 각 현에 협력통지를 보냈다. 당시《조국과 청년》에는 다음과 같은 기록이 있다.

> 캐러밴대를 보낸다는 방침은 정해졌지만 자금도 확보되지 않았고 대원구성도 좀처럼 정해지지 않았다. (중략) 가바시마 위원장이 관계 단체와의 교섭을 위해 말 그대로 동분서주하는 하루하루였다. (중략) 먼저 신사본청이 전면적으로 찬성하며 지원했고, 본청에서 캐러밴대가 지나가는 각 현 신사청에 캐러밴대의 수용과 지원에 협력해달라는 요청의 통지를 보냈다. 또한 일본유족회, 일본향우연맹, 불소호념회의 협력도 받았고 (중략) 생장의 집에서도 협력을 받았다. (이하 생략)
> (《조국과 청년》1978년, 제33호)

아울러 '캐러밴대'의 '대장'을 맡은 이가 바로 가바시마였으며 이 운동 직후부터 각지 현 의회와 시읍면 의회에서 원호법제화를 요구하는 의회결의를 채택하는 움직임이 나타나기 시작했다.《조국과 청년》이 자랑스럽게 정리한 집계에 따르면, 같은 해 말까지 결의를 채택한 지역은 도도부현 의회가 24곳, 시읍면 의회가 80곳 이었다. 이후에도 결의채택은 계속 이어져 최종적으로는 거의 모든 도도부현 의회인 46곳, 시읍면의 과반수에 해당하는 1,632곳에서 의회결의가 달성되었다고 한다.

원호법제화는 일본 사회에서 비교적 친숙한 것과 관련한 운동이라서 이해와 공감을 얻기 쉬운 점도 있었을 것이다. 또한 '캐러밴대'라는 조금은 이색적인 명칭으로 전국 각지에서 전개된 '풀뿌리 운동'이 아무리 대성공을 거두었다고는 해도 일본청년협의회 등은 이후에도 이를 상례적인 운동수단으로 활용하게 된다.

한편 일본 전국을 둘러싼 '풀뿌리 운동'에 호응하여 중앙에서도 활발한 운동이 전개되었다. 1976년 5월에는 도쿄 오테마치大手町의 산케이サンケイ 홀에서 '원호법제화 요구 중앙국민집회'가 개최되어 주최자 추산 약 1,500명이 참가했다. 지방의회가 결의를 시작한 이듬해인 1977년 5월에는 '지방의회 결의를 중앙으로'라는 이름으로 도쿄의 아카사카 프린스 호텔에서 '원호법제화 실현 국민대회'가 열렸는데, 이 또한 주최자 추산 약 2,000명이 참가했고, 국회의원들도 다수 참가했다.

나아가 1978년 7월에는 전 최고재판소 장관인 이시다 가즈토를 위원장으로 하는 운동단체 '원호법제화 실현 국민회의'가 결성되었고 이어서 '원호법제화 촉진 국회의원연맹'도 설립되었다. 《조국과 청년》에 따르면 설립 때 의원 참가자는 중참 양원을 합하여 411명 이라고 한다. 그리고 같은 해 10월 일본 부도칸武道館에서는 '원호 법제화 실현 총궐기국민대회'가 열렸는데, 약 1만 명이 모였다.

1장에 등장했던 전 자민당 참의원 무라카미 마사쿠니는 '원호법 제화 실현 국민회의'나 '원호법제화 촉진 국회의원연맹'에도 깊이 관여했다. 가바시마 등에 동조하여 중앙정계에서 열심히 활동하면서 의견을 정리하는 역할을 담당했다. 무라카미의 증언을 다시 들어보자.

"최초의 계기는 '일본을 지키는 모임'이었습니다. '일본을 지키는 모임'의 요청으로 '원호법제화 실현 국민회의'가 탄생했고, 가바시마 씨가 사무국장을 맡아 전략을 구상하고, 여론형성을 위해 전국 47 도도부현에 '캐러밴대'를 파견했어요. 한편에서 나는 '국민회의'의 국회대책국장으로서 자민당과 민사당, 신자유 클럽에 제의하여 의원연맹을 결성했습니다.

그리고 부도칸에서의 1만 명 집회로 연결한 것입니다. 인원동원의 중심은 생장의 집, 불소호념회, 염법진교, 세계진광문명교단, 그리고 메이지 신궁과 신사본청 같은 '일본을 지키는 모임'에 결집한 종교단체였습니다."

신사본청이나 우파 신흥종교단체가 활발하게 인원동원을 하고 정계에서는 무라카미 등이 필사적으로 움직인 결과, 부도칸에서 열린 '원호법제화 실현 총궐기국민대회'에는 자민당, 공명당, 민사당, 신자유 클럽 등의 대표가 참석했고, 당시 총리인 후쿠다 다케오 福田赳夫는 '정부도 최선을 다하겠다'는 메시지를 보냈다. 아울러 대회의 마지막 하이라이트인 '결의문안 낭독'에 나선 것은 후일 '부모학'을 제창하여 우파논객으로 유명해진 다카하시 시로였다. 2장에서도 언급했지만, 본디 생학련 출신인 다카하시는 현재 일본회의 임원이기도 하다.

　마침내 원호법은 1979년 6월 국회에서 제정되었다. '원호법제화 실현 국민회의'의 사무국장으로 활약한 가바시마는 당시《조국과 청년》의 지상좌담회에서 자랑스럽다는 듯이 다음과 같이 총괄한다.

> 진정한 의미의 국민운동은 비록 오랜 시간이 걸리더라도 국민 속에 존재하는 전통을 지키고 나라를 사랑하는 힘을 결집하여 연결하는 데 큰 의의가 있다고 생각합니다. 그런 의미에서 원호법제화 운동은 중앙 → 지방 → 중앙 → 지방으로 움직여, 지방 에너지를 중앙에 결집해 전국적으로 물결을 일으킨 것입니다. 이러한 원호법제화 운동을 통해 새로운 운동의 청사진, 즉 국민운동의 패턴을 완성했다는 것에 이번 캐러밴을 포함한 원호법제화 운동의 의의가 있다고 생각합니다.
> 이러한 대규모 운동의 파도가 거꾸로 국회의원에게 큰 영향을 미쳤어요. 즉, 국회의원들도 지역에서 활발히 전개되는 원호법제화 운동에 관심을 두지 않을 수 없게 된 것입니다. (중략) 다시 말해, 일본인으로서 자각을 갖춘 국민통일전선 측과 사회당, 공산당처럼 일본인이라는 사실을 부정하는 인민통일전선 측의 투쟁이라고 생각합니다.
> 《조국과 청년》1978년, 제37호)

전국에 (원호법제화를 호소하는) 도도부현민회의가 잇달아 결성되면서 원호법제화 운동은 지방에서부터 크게 추진되는데 (중략) 이 압도적인 성공으로 정부 여당은 통상국회에서의 원호법안 제출을 확약하기에 이르고…….

(《조국과 청년》 1979년, 제39호)

완성된 운동형태

이리하여 전후 일본 우파운동에 큰 '성공체험'이 새겨지면서 우파단체에 몇 가지 변화를 일으켰다.

먼저 1장에서 언급한 것처럼 원호법제화 운동으로 결집한 활동을 발전·개편하는 형태로 1981년 10월, 마유즈미 도시로를 운영위원장으로 하는 일본을 지키는 국민회의가 결성되었다. 우파 종교단체가 결집한 일본을 지키는 모임은 이미 1974년에 결성된 상태로, 이로써 현재 일본회의의 모체가 되는 두 우파조직이 완성되었다.

그리고 벌써 이미 짐작했겠지만 일본회의로 이어지는 우파의 대규모 운동형태는 이 시기에 거의 완성되었다고 할 수 있다. 자금·조직 동원 면에서는 신사본청이나 신사계, 신흥종교계 등의 강력한 후원을 받으며 '국민운동'이라는 이름으로 전국 레벨에서 조직 구축과 서명 모집 같은 '풀뿌리 활동'을 전개한다. 그와 동시에 중앙에서는 운동에 대응한 '국민회의' 같은 조직을 설립해서 대규모 집회를 열고 활발하게 운동을 전개한다. 또한 이에 호응하는 형태로 국회의원이나 지방의원 조직을 결성하여 뜻을 같이하는 국회의원과 지방의원을 통해 정부와 국회에 압력을 행사한다.

실로 가바시마 자신이 '원호법제화 운동을 통해 새로운 운동의 청사진, 즉 국민운동의 패턴을 완성했다'고 총괄한 그대로이며, 이후에도 큰 주제의 운동을 전개할 때마다 가바시마 등은 같은 패턴의 활동을 반복한다. 일본회의가 현재 진행하는 헌법개정 운동도 이와 판박이다.

자민당의 변질을 우려한다

▶ 자민당 신강령 반대 운동 ＿ 1985년

자민당은 1985년 창당 30주년을 맞이하여 당의 강령과 정책강령 같은 기본문서를 재검토한다고 발표했다. 당시 자민당 총재는 나카소네 야스히로였는데, 신강령 원안의 책정작업은 당시 초선의원이던 진정한 자유파 다나카 슈세^{田中秀征} 등을 중심으로 진행되었고 헌법과 관련해서는 다음과 같은 초안이 제시되었다.

> 일본의 재건과 발전에 귀중한 역할을 담당한 일본국 헌법을 앞으로도 존중하는 한편, 헌법의 정신이 효과적으로 발휘되도록 시대변화에 따라 끊임없이 신중하게 재검토하는 노력을 지속한다.

창당 이래 개헌을 '당제'로 내세워온 자민당으로서는 방침이 크게 전환될 가능성을 내포한 안이었다. 그러나 현행 헌법을 증오하는 우파조직은 당연히 이에 격렬히 반발했다. 일본을 지키는 모임, 일본을 지키는 국민회의 등에서 비판이 쏟아진 것은 물론, 기시 노부스케^{岸 信介}가 회장을 맡은 자주헌법기성의원동맹도 '원안에 절대 반대'를 표명, 자민당에 '요청서'를 보내는 운동을 전개했다.

일본청년협의회 기관지인 《조국과 청년》은 고보리 게이치로, 가세 히데아키 같은 우파논객을 총동원해서 '자민당의 변질을 우려한다'는 제목으로 대특집을 게재하고, 가바시마도 자민당을 격렬하게 책망하는 다음과 같은 글을 냈다.

> 명실공히 호헌정당으로서 출발을 선언하려는 창당 30주년을 맞은 자민당에 국민은 축하는커녕 결별을 선언해야 하는 지경이 되었다.
> (1985년 10월호)

결국 자민당 내의 우파위원들도 보조를 맞춰 반발하면서 원안은 크게 수정되었고, 최종적으로는 우파가 내건 기치가 '자주헌법 제정은 창당 이래의 당제다'라는 표현으로 당 강령에 남으면서 완전하게 결말이 났다.

▶ 쇼와 천황 재위 60년 봉축운동 __ 1985~1986년

쇼와 천황 재위 50년에 해당하는 1975년에도 봉축운동과 제등행렬은 행해졌는데, 재위 60년 되던 해에도 일본을 지키는 모임과 일본을 지키는 국민회의, 일본청년협의회 등이 중심이 되어 봉축운동과 봉축 퍼레이드를 활발히 전개하였다.

이때도 가바시마는 경단련(경제단체연합회) 명예회장인 이나야마 요시히로稻山嘉寬를 위원장으로 하는 '천황 재위 60년 봉축위원회'에서 사무국장을 맡았다. 또한 국회에도 봉축국회의원연맹을 결성하였고, 도쿄도의회 등에서도 같은 의원연맹이 만들어졌다.

'봉축위원회'의 주최로 일본 부도칸에서 '천황 폐하 재위 60년 봉축국민모임'이 열린 것은 1985년 11월 13일.《조국과 청년》에 따르면 '전국 방방곡곡에서 모였다'는 참가자가 1만 2,000명에 이르렀다고 하며, 회장 풍경을 다음과 같이 열광적으로 알리고 있다.

천황 폐하를 향한 간절한 감사 인사는 회장을 가득 메운 참가자 가슴에 와닿았고, 만수무강을 기원할 때는 참가자 개개인이 마음을 담아 외치는 '천황 폐하 만세!'의 함성이 하나가 되어 회장에 울려 퍼졌다. (1986년 1월호)

또한 이듬해인 1986년 11월에는 같은 '봉축위원회'가 주도하여 도쿄 우에노上野와 신바시新橋를 잇는 봉축 퍼레이드가 있었다. 경시청 조사에 따르면 2만 5,000명의 군중이 황궁 광장에 모였고, 쇼와 천황도 니주바시二重橋 위에서 이에 응했다. 가바시마는 크게 감격한 듯《조국과 청년》(1987년 1월호)에서 다음과 같이 쓰고 있다.

천황 폐하와 일본 국민의 관계는 천황 폐하를 나라의 중심으로 우러르고, 천황과 국민 사이에는 정신적인 유대감이 존재하며, 나아가 개개 국민이 하나로 이어져 실로 군민 일체의 교류가 이루어지는 것으로 생각합니다.

▶《신편 일본사新編日本史》편찬 운동 __ 1985~1986년
계기는 1981년도 교과서 검정을 둘러싼 '오보' 문제였다고 한다. 애초 구 일본군이 중국에서 한 행동이 검정에 의해 '침략'에서 '진

출'로 바뀌었다고 보도됐는데, 이것이 아니라는 사실이 판명되면서 우파조직에서 격렬하게 반응했다. 특히 일본을 지키는 국민회의는 '일본 교과서의 좌경화를 우려하는 지식인'을 모아 '공정한 교과서를 실제로 작성하여 세상에 질문한다'(모두《조국과 청년》1986년 11, 12월호)는 방침을 내세운다.

그리고 1985년 여름, 일본을 지키는 국민회의가 주도한 교과서 편찬위원회가 고등학교용 일본사 교과서《신편 일본사》를 제작해 문부성(당시)에 검정을 신청했다.

약 800곳에 수정 및 개선 의견이 첨부되어 이듬해인 1986년 검정으로 합격하였는데, 제국주의적 내용 때문에 언론과 중국, 한국 등지에서 맹렬한 비판이 일자 그 후로 여러 번 수정하였다. 이에 대해 현재 일본회의 홈페이지는 '외압으로 인해 합격 후 4번에 걸쳐 이례적인 수정이 이루어졌다'고 기록하고 있으며,《조국과 청년》(1986년 11, 12월호)은 당시 '도쿄 재판 사관이라는 전후 역사계를 점령한 암묵적인 터부에 대한 명백한 도전으로 받아들일 수 있다'고 반발했다.

그러나 실제로는 도쿠가와德川 5대 장군인 쓰나요시綱吉를 '4대'로 기술하거나 할힌골 전투가 발생한 지역인 '만주와 외몽골 국경'을 '내몽골'로 기술하는 등 자잘한 오류가 많아 보수파 역사연구자에게조차 지적받을 정도의 물건이었다.

어쨌거나 전후 일본 우파는 그 후로도 '새로운 역사교과서를 만드는 모임'을 설립하여 중학교용 일본사 교과서 작성 등을 열심히 추진해왔다. '새로운 역사교과서를 만드는 모임'의 임원 중에는 일본회의 간부와 중복되는 이들이 많다. 다시 말해 과거의 운동을 계속 반복한다고도 할 수 있다.

▶ **건국기념일 식전 독자개최 __ 1988년**

앞에서 언급했지만, 전쟁 전의 기원절을 건국기념일로 삼아 공휴
일로 지정한 것은 전후 일본의 우파운동에서 큰 '성공체험'이었
다. 이후 신사본청과 생장의 집 등은 위원장에 마유즈미 도시로를
앉히고 '봉축운영위원회'를 조직하여 매년 2월 11일 메이지 신궁
회관 등에서 기념식을 개최해왔다. 또한 기념식의 정부 주최 등을
요구했는데, 80년대에 들어서는 식전에 총리가 출석하도록 요구하
였다.

한편 1982년 총리에 취임한 나카소네 야스히로는 이듬해인
1983년 건국기념일 식전에 최초로 축전을 보내고, 운영위 측도 총
리 참가와 정부 주최를 위한 조건을 갖추기 위해 정치색, 종교색을
없애려고 애썼다. 그 결과 ① 운영위를 해체하고 경제단체 등의 대
표 등으로 구성된 '건국기념일을 축하하는 모임'을 조직했고 ② 축
하하는 모임의 회장에는 일본상공회의소 회장인 고토 노보루^{五島昇}
를 앉히고, 마유즈미 도시로 등이 가세하여 기원절의 분위기를 없
앤다는 결정을 내린다. 1985년 기념일 당일 도쿄 하야부사초^{隼町}
의 국립극장에서 열린 '건국기념일을 축하하는 국민식전'(축하하는
모임 주최, 총리부·외무성·자치성·문부성 등 후원)에는 마침내 나카소네
총리가 참가하였다.

그러나 일본을 지키는 국민회의 등의 우파단체에는 불만과 반발
이 쌓여갔다. 기념식의 정부 주최가 실현되지 않았을 뿐만 아니라
종교색을 계속 없애려는 시도에 반발이 더욱 강해졌다. 이에 일본

을 지키는 국민회의와 신사본청은 "식전에서 신무 건국의 의의를 언급할 것과 '천황 폐하 만세' 의식을 시행할 것, 이 두 가지는 절대 양보할 수 없다"고 비판하며, 1988년의 2월 11일에는 독자적으로 기념식 개최에 나섰다.

이에 가바시마 유조는《조국과 청년》에 다음과 같이 쓰고 있다.

나는 두 개의 건국 식전에 참가했다. 두 식전에 참가한 덕분에 당연히 그리고 명확하게 알게 된 사실이 있다. 그것은 기원이 언제인가, 창시자는 누구인가, 그리고 오늘날 누가 그 정신을 계승하는가, 그 의미가 불분명한 식전과 반대로 선명한 식전에서는 받는 감동이 결정적으로 다르다는 사실이다. 언제, 어디서, 누가 시작했는지 알 수 없는 건국 식전에서는 아무런 감동을 느낄 수가 없다.

지금 중요한 것은 무감동, 무사상이라는 오늘날의 청년에게 전통과 역사의 힘으로 감동을 불러일으키는 것이다. 감동의 원천은 올바른 역사를 확립하는 데에 있음을 새삼 깨달았다. 따라서 이번 신무 건국, 천황 폐하 만세를 둘러싼 건국논쟁은 실로 큰 의의가 있었다. (중략)

이런 의미에서 재위 60년 봉축운동과 함께 전개된 이번 건국논쟁은 민족의 힘이 싹을 틔우는 것이라고 할 수 있다. 언론에서는 분열식전이라고 부르지만, 흙이 갈라진 곳에서 봄의 싹이 탄생하는 국가의 숨결을 상징하는 식전이었다. 2년 후에는 기원 2650년을 맞이한다. 부디 신무 천황의 건국정신이 더욱 굳건해져 국가발전의 기초가 되기를 기도한다.

(1988년 3월호)

전통을 계승한 황실행사

▶ 쇼와 천황 서거 ─ 1989년

말할 필요도 없이 천황과 황실과 관련한 사항들은 여러 우파단체의 가장 핵심적인 운동주제로, 쇼와 천황의 병세가 나빠지자 전국에서는 '쾌유'를 기원하는 서명 운동이 일어났고 1989년 1월 7일 천황이 서거한 후에는 다양한 행사가 개최되었다.

무엇보다 쇼와 천황의 서거를 애도하는 것이 목적이었지만, 그와 동시에 관련 의식을 '전통에 따라' 시행하도록 요구하는 목소리도 강했다. 서거 직후인 1월 24일에는 일본을 지키는 국민회의 멤버가 중심이 되어 '전통을 계승한 황실의식을 요구하는 국민집회'를 개최하였으며 주최 측 발표에 따르면 1,500명이 참가했다. 이들은 '장례' 등을 어디까지나 '전통에 따라' 시행할 것을 호소했다.

4월에 들어서자 역시 일본을 지키는 국민회의 등이 주도하여 '쇼와 천황 추모식전'이 열렸다. 국민회의는 같은 달 '다이조사이大嘗祭(천황 즉위 후 처음으로 조상에게 올리는 제사 ─ 옮긴이)와 일본문화'라는 심포지엄을 개최했다.

한편, 쇼와 천황이 서거하자 일본 사회에는 언론을 포함하여 강렬한 자숙 분위기가 전국에 퍼졌다. 가바시마는 이를 《조국과 청년》에서 다음과 같이 칭찬하는 한편, 현행 헌법의 상태를 비판했다.

개인 중심주의가 만연한 지 이미 오래인 오늘날에 천황 폐하의 병을 안타깝게 여기며 개인과 그룹 행동을 삼가는 학생들의 모습에 큰 의미가 있다. 그들은 개인 중심주의 사회 그 자체로 일컬어지던 인간이다.

(중략)

자숙이라는, 인간이 자연스럽게 윤리 감각을 익힐 수 있는 체험이 지닌 의의는 중요하다. 안에서부터 생겨난 윤리 감각만큼 강한 것은 없다. 그리고 오늘날의 일본인은 윤리 감각에 바탕을 둔 질서란 과연 무엇인지 찾고 있다. (중략)

자숙이란 스스로 몸을 바로 하는 윤리성이다.

(1988년 11, 12월호)

쇼와 천황이 붕어하신 슬픔은 천황의 고뇌로 유지되어온 쇼와 국가의 정신에 대한 석별에서 비롯된다. 우리를 지탱해온 생존기반의 상실이기도 하다. 이 상실감이야말로 슬픔의 실상이다. 그 안에서 새로운 결의가 태어난다. 돌이켜보면 일본 국민은 역대 천황 폐하의 교체를 통해 여러 번 이를 체험해왔다. 일본 국가의 저력은 여기에 있다.

(1989년 3월호)

헌법에 따라 개최된 장례가 도리이鳥居(신사 입구에 세운 기둥문 ― 옮긴이)를 철거한 것으로 상징되는 것처럼 문화의 상실과 무엇인가 해체되어 가는 것을 의미한다. 일본은 지금 이 전통과 헌법의 상극 안에 있다.

(1989년 4월호)

▶ 긴조 천황 즉위__ 1990년

1989년 1월에 긴조今上 천황이 즉위하고 이듬해인 1990년 가을의 '즉위예식'과 '다이조사이'라는 황실행사가 열리기에 앞서 1990년

3월 일본을 지키는 국민회의 등이 주도하여 '천황 즉위 봉축위원회'를 결성하였다. 이때 일본을 지키는 국민회의는 ① '봉축 중앙 대규모 퍼레이드' 실시, ② '봉축 중앙식전' 개최, ③ '긴조 폐하의 영화제작'과 '전국 상영 캐러밴' 실시, ④ '다이조사이 찬조 국민운동추진' 등의 계획을 발표하고 실제로 다양한 '봉축행사'를 전개했다.

또한 '봉축위원회'의 결성식에서 일본을 지키는 국민회의 운영위원장이었던 마유즈미 도시로는 '신헌법 아래에서 최초로 행해지는 즉위예식이 어떨지 국민 모두 큰 관심이 있다'고 호소했고, 운영조직 내부에서는 행사에 전통 색과 신도색이 엷어지는 것을 강하게 경계했다. 가바시마가 당시 《조국과 청년》에 초조함을 드러내며 쓴 글은 운동의 근저에 '종교심'이 존재함을 나타내는 동시에 근대민주주의 사회의 대원칙인 정교분리는 아랑곳하지 않던 그의 생각을 적나라하게 토로하고 있어 흥미롭다.

오늘날의 일본은 제정일치라는 국가철학을 정교분리 사상에 따라 부정하는 풍조가 있다. 유럽의 권력정치와 종교전쟁에서 비롯된 타협의 산물인 정교분리 사상을 토대로, 제정일치 국가철학을 부정하는 것은 (중략) 실로 역사를 모독하는 어리석은 행위라 하지 않을 수 없다. 그러나 생각해보면 정교분리 사상과 제정일치 국가철학 간의 다툼도 종교전쟁의 한 가지 형태다. 인류는 과거에도 이와 유사한 싸움을 거쳐 수많은 제사 국가를 멸망시켰다. 지금도 그 연장선에 있다는 사실을 명심하면서, 전후 다이조사이를 포함한 궁중 제사에 관한 다양한 싸움의 반복은 종교전쟁에서의 일진일퇴로 각오해야 한다. 그 안에서 제사

국가의 특징을 제시하고 일본 국가는 물론, 오늘날 인류가 직면한 위기를 구원하는 철학이라는 사실을 내외에 명시하는 것이야말로 이 싸움에서 승리하는 길이다.

(1990년 8월호)

신헌법연구회 조직

▶ '신헌법' 제정을 위한 대강의 작성 __ 1991년~

1991년 6월, 일본을 지키는 국민회의 등은 '신헌법제정 선언'을 채택하고 '신헌법의 대강 작성'에 나섰다. 작성에는 무라오 지로, 오다무라 시로, 오하라 야스오, 가세 히데아키, 고보리 게이치로 등 일본을 지키는 국민회의에 모이는 우파학자들이 참여하였고, 약 2년 후인 1993년 5월에 도쿄 데코쿠帝國 호텔에서 마유즈미 도시로, 오하라 야스오, 오다무라 시로, 무라오 지로, 가바시마 유조 등이 기자회견을 열고 '신헌법의 대강'을 발표했다. 이는 이듬해인 1994년 봄,《일본 신헌법제정 선언: 21세기의 국가 비전을 명시한다日本国新憲法制定宣言—21世紀の国家ビジョンを明示する》(도쿠마 오리온)라는 책으로도 출판되었다.

  '신헌법'이라는 용어가 만들어진 것은 우파진영 내부에 존재하는 '개헌인가, 자주헌법의 제정인가, 아니면 무효 복원인가?' 등의 '막다른 골목' 혹은 '교리논쟁'에 빠지는 것을 회피하기 위해서였다고, 앞서 언급했다. 또한 이때 발표된 '신헌법의 대강'을 토대로 현재 일본회의도 '신헌법연구회'를 조직하여 개정 등을 추가한 '신헌법의 대강'을 분명히 하고 있다.

참고로 일본회의 '신헌법연구회'가 편집하고 2001년에 간행된 《신헌법의 권장 : 일본 재생을 위해》에서 일본회의가 조직으로서 작성한 '헌법전문'을 소개한다.

> 우리 일본인은 예로부터 사람과 사람의 화합을 중시하고, 다양한 가치의 공존을 인정하며 자연과 공생하는 가운데, 전통을 존중하면서 해외 문명을 받아들이고 동화함으로써 독자적인 문화를 형성하고, 천황과 국민이 하나가 되어 국가를 발전시켜왔다.
>
> 우리는 이러한 우리 고유의 국체를 바탕으로 민의를 국정 토내보 삼은 메이지 이래의 입헌주의 정신과 역사를 계승하고 발전시켜 국민의 자유와 권리를 존중하는 동시에 국가 일원의 책임을 자각하여 새로운 국가건설에 이바지해왔으며, 아울러 세계평화와 제 국민의 공존과 호혜 실현에 이바지하는 국제사회에 대한 책임을 완수하기 위해 이 헌법을 제정한다.

또한 현재 일본회의 사무국장인 가바시마의 독특한 헌법관도 《조국과 청년》에 실려 있어 우리를 놀라게 한다. 결론부터 말하면 '국민주권'을 부정하는데, 다음에 그 일부를 인용한다.

> 일본의 정치사는 천황이 문신, 무사, 정치가에게 정치를 '위임'해온 것이 전통이다. 천황이 국민에게 정치를 위임해온 것이 일본의 정치 시스템이므로, 서양의 정치사와는 완전히 다른 역사다. 천황이 국민에게 정치를 위임하는 시스템에서 주권은 어느 쪽에 있는가, 이에 관해 서

양적인 양자택일론을 그대로 도입하면 일본의 정치 시스템은 해체된다. 현행 헌법의 국민주권 사상은 이 점에서 부정되어야 한다.

(1993년 4월호)

▶ 천황 방중 반대 운동 __ 1992년

미야자와 기이치宮沢喜 정권이던 1992년, 천황은 10월 23일부터 28일까지 중국을 방문했다. 천황의 방중은 처음 있는 일로, 베이징의 인민회의에서 열린 중국 국가주석 양상쿤楊尚昆 주최 환영만찬회에서 천황은 "일본이 중국 국민에게 큰 고통을 안겨준 불행한 시기가 있었습니다. 나는 이를 매우 가슴 아프게 생각합니다"라고 말했다. 이는 '반성의 뜻'을 나타내는 것으로 받아들여졌다.

일본을 지키는 국민회의와 일본을 지키는 모임은 천황의 방중을 격렬하게 반발했다. 그 배후에는 천황의 방중이 과거 대전에 대한 '사죄'와 '반성'으로 이어지는 것에 분노하는 면이 있었고, 더불어 천황이 공산주의 국가인 중국을 방문하는 것 자체에 불만이 있었다. 따라서 일본을 지키는 국민회의와 일본을 지키는 모임은 주도적으로 방중 반대 집회를 연달아 개최했다.

방중 직전인 1992년 7월에는 '천황 방중 취소를 바라는 국민집회'가 열렸고 같은 해 8월에는 '천황 폐하의 방중을 생각하는 긴급 집회'가 열렸다. 《조국과 청년》에 따르면, 참가자들은 '독재정권인 중국으로의 방문이 천황의 정치적 이용으로 이어질 우려가 있다'고 호소했다.

또한 중의원 의원인 에토 세이치 등을 중심으로 '천황 폐하의 방중을 생각하는 국회의원 모임'도 결성하여 의원들을 대상으로 반대 서명을 모집했다. 《조국과 청년》(1992년 9월호)은 당시 관방장관인 가토 고이치加藤紘一를 방문한 오하라 야스오, 우노 세이치, 히라누마 다케오 등이 다음과 같이 호소하며 압박했다는 사실을 기록하고 있다.

"국민의 걱정에 답하지 않고 물밑에서 추진하면서 국민의 의견을 들으려고도 하지 않는다."(오하라)

"만에 하나 옥체에 문제가 생긴다면 어떻게 책임질 것인가?"(히라누마)

"천황 폐하가 방문하시면 중공에 협력하게 되는 것이다."(우노)

사죄병을 어떻게 치료할 것인가?

▶ 전후 50년 국회결의 등에 대한 반대 운동 __ 1994~1995년

자민당, 사회당, 신당 사키가케新党さきがけ의 연립내각으로서 1994년 6월에 발족한 무라야마 도미이치村山富市 정권은 전후 50년이 되는 이듬해인 1995년, 국회에서 '부전不戰결의' 채택을 목표로 움직이기 시작했다. 일본을 지키는 국민회의와 일본을 지키는 모임, 일본청년협의회 등은 이를 '사죄결의'로 보고 맹렬히 반발하면서 우파의 총력을 기울여 '국민운동' 형식의 반대 활동을 펼쳤다.

먼저 1994년 4월, 일본을 지키는 국민회의와 일본을 지키는 모임이 중심이 되어 '종전 50주년 국민위원회'(회장 가세 도시카즈)를 조직했다. 이에 연동하는 형태로 일본을 지키는 국민회의, 일본청년협의회, 신도정치연맹, 메이지 신궁 관계자 등이 참가하여 '청년 캐러밴대'를 결성, 전국 각지에서 '사죄 결의 반대' 서명을 모으는 활동을 시작했다.

그와 동시에 정계에서는 자민당 중의원인 오쿠노 세이스케奥野誠亮를 회장으로 하는 국회의원연맹도 만들었다. 여기서도 우파방식을 전면적으로 전개했는데, 즉 중앙에 '국민위원회'를 결성하고 전국 각지에 '캐러밴대'를 보내 서명 모집 활동을 전개하고 국회에도 뜻을 같이하는 의원조직을 만들어 정계를 압박했다.

최종적으로 '국민위원회'는 '캐러밴대' 등이 모은 506만 명분의 '사죄 결의 반대 서명'을 제출하고 국회에 청원했으며, '부전 사죄 결의에 반대하는 국회의원을 격려하는 국민집회'(1995년 2월 22일)와 '사죄 및 부전 결의를 저지하는 긴급집회'(같은 해 3월 16일)와 같은 집회도 파상적으로 개최했다.《조국과 청년》도 매호 특집으로 '자사 정권은 혁명 정권', '사죄병을 어떻게 치료할 것인가?', '종전 50년의 운동은 사상 결전에 돌입했다'는 선동적인 기사와 논문을 게재했다.

이처럼 우파의 반발과 자민당 내부의 이의제기로 인해 전후 50년의 국회결의는 우여곡절 끝에 수정을 거듭하여 같은 해 6월 9일, 가까스로 중의원에서 가결되었다. 다음은 그 전문이다.

본원은 종전 50년을 맞이하여 전 세계 전몰자와 전쟁 희생자를 진심으로 추모한다.

또한 세계 근대사에서 발생한 수많은 식민지배와 침략적 행위를 생각하며, 일본이 과거에 행한 그러한 행위와 타 국민, 특히 아시아 각국 국민에게 안겨준 고통을 인식하며 깊이 반성한다.

우리는 과거 전쟁에 대한 서로 다른 역사관을 극복하여 역사의 교훈을 겸허히 배우고 평화로운 국제사회를 건설해나가야 한다.

본원은 일본 헌법이 내세우는 항구 평화의 이념 아래 세계 각국과 협력하여 인류공생의 미래를 개척해나가기로 결의한다.

그러나 여기에 이르기까지 수면 아래에서는 무라야마 정권과 우파 간에 치열한 공방이 전개되었다. 앞서 여러 번 등장한 전 자민당 참의원 무라카미 마사쿠니는 당시 유명한 우파정치가로서 일본을 지키는 국민회의 측에 서서 정권과 결의를 철저히 공격했다. 무라카미에게 당시 이야기를 들어보자.

"그 결의의 초점은 과거 대전이 침략전쟁이었다는 사실을 인정할지 그리고 아시아 각국에 대한 식민지배를 언급할지에 관한 것이었습니다. 자민당 지도부는 나를 제외하고 '결의해야 한다'고 주장했습니다만, 나는 '침략전쟁으로 인정하는 일은 절대 있을 수 없다'고 맞받았습니다.

그렇다면 어떤 내용으로 해야 우리도 받아들일 수 있는가? 나는 당시 참의원으로 자민당 간사장이었는데, 간사장실에는 가바시마 유조 씨와 나카가와 야스히로(쓰쿠바 대학 교수) 등 민족파 간부 50명 정도가 함께 모여 응접실을 점거했습니다. 그런 가운데 정무조사회 회장이던 가토 고이치 씨가 문안을 여러 번 수정했는데 '이러면 어떻습니까?'라고 새로운 문안을 제시하면 내가 간사장실로 들고 가서 가바시마 씨나 나카가와 씨의 의견을 묻습니다. 그들이 안

된다고 하면 다시 가토 씨에게 가서 안 된다고 전합니다. 이를 반복하다 보니 밤이 깊어졌지요. 그것이 (1995년) 6월 6일 밤의 일이었습니다."

무라카미에 따르면 최종적으로 가토 고이치 등이 제시한 결의안은 '세계 근대사에서 발생한 수많은 식민지배와 침략적 행위를 생각하며'라고 하여 전쟁과 식민지배 역사를 일반화한 후에 '일본이 과거에 행한 행위와 타 국민, 특히 아시아 각국 국민에게 안겨준 고통을 인식하며 깊이 반성한다'고 하는 것이었다. 아니, 적어도 가토 고이치 등에게서 전해 들은 결의안은 그런 문장이었다고 무라카미는 말한다.

무라카미는 이 정도 문안이라면 일본이 식민지배나 침략을 했다고 인정하는 것으로는 보이지 않고, 간사장실을 점거하던 가바시마 등도 받아들일 수 있을 것으로 생각했다. 그래서 '이 문안이라면 모두를 이해시킬 수 있다'고 말했고, 정무조사회 회장 가토와 간사장 모리 요시로森喜朗도 받아들여서 자민당 임원회는 해산했다. 시각은 오후 11시 정도였다고 한다.

그러나 무라카미의 착각이었는지, 가토 등의 책략이었는지, 아니면 무라카미 자신의 계략이었는지, 실제 결의문에는 미묘하지만 중요한 차이가 있었다.

'세계 근대사에서 발생한 수많은 식민지배와 침략적 행위를 생각하며' 전쟁과 식민지배 역사를 일반화한 전반부는 완전히 같았지만, 후에 이어지는 문장이 실제로는 '일본이 과거에 행한 그러한 행위와 타 국민, 특히 아시아 각국 국민에게 안겨준 고통을 인식하며 깊이 반성한다'라고 되어 있었다. 여기에 '그러한'이라는 한마디가 들어 있는 것과 그렇지 않은 것은 의미가 상당히 다르다. 계속해서 무라카미의 이야기다.

"내가 성문화한 결의 문서를 받은 것은 (가토나 모리 등과) 헤어진 후였습니다. 그것을 참의원 간사장실로 가지고 돌아가 대략 이쪽의 요청대로 되었으니 이것으로 결정하자며 문서를 보여주었더니 대체 이게 뭐냐, 말도 안 된다며 큰 소동이 일어났어요. 그래서 문서를 다시 보니 분명히 내가 들은 것과는 달리 '그러한'이라는 용어가 삽입되어 있었습니다.

그러나 이미 임원회에서 승인하고 해산했기 때문에 더는 돌이킬 수 없었습니다. 다만, 가바시마 씨와 나카가와 씨는 굉장한 기세로 화를 냈습니다. 내가 그들을 속였다면서 내 멱살을 잡는 사람까지 있었지요. 정말 엄청난 소동이었습니다."

무라카미는 결국 가바시마 등을 설득했다고 한다. 중의원 결의는 더는 돌이킬 수 없다, 하지만 참의원에서는 자신이 책임지고 결의를 통과시키지 않겠다면서.

실제로 이 종전 50년 국회결의는 중의원에서는 결의되었지만 참의원에서는 결의되지 않았다. 무라카미의 말이다.

"그것으로 가까스로 그 자리가 마무리되었지요."

한편 가바시마는 《조국과 청년》(1995년 8월호)에 총 30쪽에 달하는 '종전 50년: 중의원 결의 최종문안까지의 공방'이라는 제목의 긴 논문을 게재하고, 마지막을 다음과 같이 맺고 있다.

우리에게 종전 50주년은 국회의결에 관해서는 유감스러운 결과가 되었지만 (중략) 나는 투쟁은 이제부터라고 생각합니다.

전통적 가족관을 고집

▶ 선택적 부부별성제도 반대 운동 __ 1996년 ~

알려진 바와 같이 현행 민법에서는 결혼하면 남편이나 아내 어느 한쪽의 성을 따라야 한다. 남녀 어느 쪽의 성을 선택하건 상관없지만, 대체로 일본 사회 내 남녀의 권력 관계가 반영되어 실제 98퍼센트 정도가 남편의 성을 선택하여 혼인 관계를 맺는다고 한다.

이는 오늘날 세계적으로 보기 드문 제도로, 남녀평등의 관점에서 개선할 필요가 있다는 의견이 상당히 오래전부터 제기되었다. 그러자 법무장관 자문기관인 법제심의회(법제심) 민법부회가 오랜 논의 끝에 1996년 2월, 희망하는 부부에게는 결혼 전의 성을 쓰도록 인정하는 '선택적 부부별성제도'의 도입을 답신했다.

법제심은 일반에게는 그리 알려지지 않은 조직이지만, 그 제언은 기본적으로 법제화되는 것이 관례였다. 원래대로 하면 민법개정 절차가 신속히 진행돼야 했는데 '전통적 가족관'을 고집하는 우파는 이에 격렬히 반발한다.

법제심의 답신이 나오기 전인 1995년 12월, 일본을 지키는 국민회의 등은 조치 대학上智大学 교수 와타나베 쇼이치渡部昇一 등을 대표로 하는 '가족 간 유대감을 중시하여 부부별성에 반대하는 국민위원회'를 설립하고, 서명 모집과 지방의회에 대한 반대결의 요구, 국회의원을 향한 진정 활동, 파상적인 '국민집회' 등을 개최했다.

이 때문만은 아니겠지만, 선택적 부부별성제도는 지금까지 도입되지 않았다. 특별히 모든 사람에게 별성을 강요하는 것도 아니고 희망자에 한하여 별성을 선택하게 할 뿐인 이 제도에 왜 그리 목을 매며 반대하는지 나로서는 전혀 이해할 수 없지만, 우파는 이 제도가 '전통적 가족관'을 파괴할 수 있다고 받아들이는 듯하다.

법제심 민법부회의 답신이 발표된 후《조국과 청년》은 이에 맹렬히 반발하는 특집을 게재했는데, 사이타마 대학 명예교수인 하세가와 미치코는 인터뷰에서 다음과 같이 주장했다. 하세가와는 현재 일본회의 대표위원의 하나다.

> 가족제도라는 존재가 확실하면 할수록 이런저런 면에서 당연히 개인의 불만이 있을 것입니다. 다만, 문제는 그런 불만을 전부 인정하고 해결하려는 것이 과연 옳은가, 아니면 불만스럽기는 하지만 어느 정도 부득이한 불만이라는 형태로 각자 참아야 하는가 하는 점입니다. 매우 심각한 불만이라면 어떻게든 해결하겠지만, 사소한 불만이라면 참아야 한다는 균형 잡힌 논의가 특히 가족 문제와 관련해서는 매우 적습니다.
>
> 오늘날 페미니스트들의 주장대로 이 불만도 해소하고 저 불만도 해소한다는 식으로 대응해나가면 어떻게 될까요? 여성의 인내하는 능력은 더욱 저하되어 현재 여성들이 쉽게 해내는 생활조차 앞으로 20~30년

후면 더는 참을 수 없을지 모릅니다. 그런 일들이 끝도 없이 반복될 것입니다.

(1996년 3월호)

요컨대 '제멋대로 굴지 말고 참으라'는 말인가? 이 또한 나로서는 전혀 이해할 수 없는 궤변으로밖에 보이지 않지만, 가바시마는 같은 호에서 한술 더 뜨는 주장을 피력한다. 지면상 일부를 생략하고 소개한다.

구소련이 왜 가족제도를 폐지했는가? (중략) 그것은 소련 정부가 가족을 혁명수행의 최대 적으로 보았기 때문이다. (중략)

구소련의 비극을 토대로 구 사회당을 중심으로 하는 부부별성제도 도입을 목표하는 세력의 주장에는 간과할 수 없는 세 가지 포인트가 있다.

첫 번째는 구소련의 비극을 재현하는 길이라는 점. (중략)

두 번째는 실질적으로 불륜을 권장한다는 점. (중략)

세 번째는 가족 관계 파괴를 지향하는 전략의 첫걸음이라는 점이다. 일본의 부부별성론자는 '별성제도 도입은 별성을 강요하는 것이 아니라 동성인가, 별성인가 하는 선택의 폭을 넓히는 것이므로 문제가 없다'고 말한다. 마치 별성제도 도입에 다른 저의가 없고, 실제 피해가 없는 것처럼 강조하며 여론에 호소한다. 또한 국회에서의 논의도 부부별성론자의 부드러운 분위기에 휩쓸리는 것처럼 보인다. 그러나 과연 이 문제를 정말 그렇게 간단히 인식해도 좋은가? (중략) 부부별성론자의 속내는, 부부 성과 관련한 선택의 폭을 넓히려는 수준이 아니라 가족의 유대감을 끊는 주도면밀한 전략의 첫 단계로 보인다.

구 사회당 중심의 부부별성제도를 도입하려는 세력은 일본 가족 관계의 대변혁을 실행에 옮기려 한다. 그러나 그 주장의 함정을 간파하여 구소련의 비극을 일본에 재현하지 않는 것이야말로 역사의 교훈을 통해 배우는 보수정치가의 사명이라 해야 할 것이다.

(1996년 3월호)

▶ 일본회의의 설립__ 1997년

지금까지 우파조직의 쌍벽으로 존재하던 일본을 지키는 국민회의와 일본을 지키는 모임이 대동단결하는 형태로 1997년 5월에 일본회의가 발족했다. 자세한 내용은 1장에서 설명했으므로 생략하겠지만, 같은 해 11월 도쿄 구단미나미九段南의 구단 회관에서 개최된 일본회의 설립 후 최초인 '중앙대회'에서의 결의는 발족 당시 일본회의의 최대목표가 무엇이었는지를 알게 해주는 흥미로운 내용이라 여기 소개한다.

① 헌법조사위원회의 조기 설치와 헌법임시조사회 설치
② 세계 각국과 동등한 '방위성' 설치
③ 북한에 의한 일본인 납치의혹의 해명과 구제
④ 반일적·자학적 교과서 시정 추진
⑤ 부부별성제도 도입 반대
⑥ 국적조항의 견지 재확인

또한 《조국과 청년》(1997년 12월호)에 따르면, '각계 대표'로 다음과 같은 인물들이 단상에 올라 각각 '제언'을 호소한다. 괄호 안은 모두 당시 직함이다.

- 주권회복의 원점은 헌법개정: 히라누마 다케오(일본회의 국회의 원간담회 간사장)
- 부부별성에 반대하며, 가족의 유대감을 지키기 위해: 다카이치 사나에(중의원 의원)
- 근린제국 조항, 고노 담화의 철폐를: 나카가와 쇼이치中川昭一(일본의 전도와 역사교육을 생각하는 청년의원회 대표)
- 헌법은 국가철학의 표명: 하세가와 미치코(사이타마 대학 교수)
- 중·한 양국 검정 아래에 있는 일본 교과서: 후지오카 노부가쓰藤岡信勝(도쿄 대학 교수)
- 국방성을 설치하지 못하는 내각은 총사퇴하라: 니시무라 신고西村真悟(중의원)
- 납치된 국민을 구하지 못하는 국가란 무엇인가: 니시오카 쓰토무西岡 力(《현대 코리아現代コリア》편집장)

국기국가법의 가결로 만세삼창

▶ 국기국가법 제정 운동__1999년

1999년 2월, 히로시마 세라世羅 고교 교장의 자살을 계기로 당시 오부치 게조小渕恵三 정권에서는 국기국가법国旗国歌法의 제정 논의가 급속도로 진전됐다. 문부과학성이 졸업식에서 국기게양과 국가 제창을 요구하자 이에 반발하는 교직원조합과의 마찰이 교장의 자살원인으로 알려지면서, 오부치 정권의 관방장관 노나카 히로무野中広務가 주도하는 형태로 국기국가법의 필요성이 제기되었으며 일본회의 등도 법 제정을 호소하는 운동을 열성적으로 전개했다.

같은 해 6월 4일에는 일본회의 부회장 오다무라 시로, 이시이 고이치로, 상임이사 오하라 야스오, 사무총장 가바시마, 일본회의 국회의원간담회의 히라누마 다케오, 에토 세이치, 아베 신조, 다카이치 사나에 등이 총리 관저에서 오부치와 만나 국기국가법의 조기 법제화를 요구하는 다음과 같은 '요청서'를 전달했다.

> 국기 '일장기', 국가 '기미가요君が代'는 국민의 압도적인 지지를 받아 정착했고, 국제사회에서도 널리 인지되어 이미 관습법으로 확립되었습니다. 그런데도 교육현장에서는 일부 반대세력의 방해로 그 취급을 둘러싸고 아직도 큰 혼란이 남아 있는데, 이는 일본의 장래에 필시 큰 화근이 될 것입니다.
>
> 정부의 차세대를 담당할 청소년이 국기·국가에 대한 경애 정신을 키우도록 국기와 국가의 법제화가 조기에 실현되도록 요청합니다.

또한 국기국가법이 참의원 본회의에서 가결된 당시 중의원 제2 의원회관에서는 일본회의가 주최하는 긴급집회가 열렸는데,《조국과 청년》(1999년 9월호)은 그때 모습을 흥분한 기색으로 다음과 같이 전하고 있다.

> 참의원 본회의에서 국기국가법이 가결된 순간, 모니터를 응시하던 약

200명에게서 큰 박수가 쏟아져나왔다. 자리에서 일어나 만세삼창, 기쁨이 넘친다…….

▶ 외국인의 지방참정권 반대 운동 ＿ 1999년~

주로 재일한국인을 중심으로 하는 영주외국인에게 지방참정권을 부여해야 한다는 주장은 종전부터 다양한 형태로 제기되어왔고, 재일본 대한민국 민단 등에서도 이를 요구하는 운동을 꾸준히 전개해왔다. 1995년 2월에는 최고재판소가 '헌법에서는 영주외국인의 지방선거권 부여를 금지하지 않는다. 입법 조치를 마련할지 말지는 국가의 입법정책과 관련된 사항'으로 판결했다.

이것이 구체화의 움직임을 보인 것은 1999년. 당시 한국의 김대중 대통령이 한일정상회담 등에서 실현을 요구하자 총리 오부치 게조가 '폭넓게 검토하겠다', '자민당에서 진지하게 검토하겠다'고 응답하면서 '과거 최고'로 평가될 만큼 우호적이던 한일 양국관계를 배경으로 정계에서 법안작성 작업이 시작되었다.

먼저 1999년에 연립을 구성한 자민당, 자유당, 공명당의 여당 3당이 법제화에 합의하고, 공명당 등이 참정권 법안을 국회에 제출했다. 이 법안은 중의원이 해산되면서 버려진 안건이 되었지만, 2000년 7월 특별국회에서 공명당 등이 재차 법안을 제출하고 자민당 내에서도 간사장 노나카 히로무 등이 추진의향을 밝혔다.

그러나 자민당 내 우파에서는 비판이 분출하기 시작했고, 일본회의 역시 반대 운동을 전개했다.

1999년 10월 21일에는 일본회의 국회의원간담회 멤버가 총리 오부치와 면담하여 신중한 대응을 요구했다. 2000년 10월 13일에는 일본회의 국회의원간담회가 도쿄 나가타초의 헌정기념관에서 총회를 열고 외국인참정권 법안은 졸속으로 심의해서는 안 된다는 결의를 채택했다.

당시 일본회의 부회장 고보리 게이치로 또한 1999년 10월 11일자《산케이 신문》에 '일본의 국가의사 결정에 실로 자살행위와 같은 나쁜 영향을 미칠 것이다', '국가쇠퇴의 징조'(원문)라고 기고하며 반발했다.

결국 법안은 성립하지 못한 채 현재에 이르렀으며, 그 후에도 정계에서 외국인에게 참정권을 부여하려는 움직임이 있을 때마다 일본회의는 반대 서명 모집 같은 운동을 반복한다.

▶ '21세기의 일본과 헌법' 유식자간담회(민간헌법 임시조사회) 설립__ 2001년

2001년 11월 3일, 작가 미우라 슈몬三浦朱門을 대표간사로 하는 '민간헌법 임시조사회'가 설립되어 메이지 기념관에서 설립총회가 열렸다. 1장에서도 언급했듯이 '민간헌법 임시조사회'에 관해 일본회의 측은 '행사의 개최 고지와 운영 등과 관련하여 일본회의가 협력하고 있다'고 말하지만, 다수 임원이 일본회의 간부와 중복되고 일본회의 정책위원인 일본대학 교수 모모치 아키라가 사무국장을 맡았다는 점에서 일본회의의 프런트 조직으로 생각해도 무방할 것이다.

이러한 움직임은 2000년 1월, 중참 양원에 헌법조사회가 설치된 데에 따른 것이다. 이는 전년도인 1999년에 국회법이 개정되면서 여당 주도로 설치되었는데, 국회에 헌법 문제를 전문적으로 논

의하는 장이 최초로 생긴 것이다.《조국과 청년》(2001년 12월호)도 '민간헌법 임시조사회'를 '민간의견을 헌법조사회 논의에 올바르게 반영하기 위한 조직'으로 설명하며, 대표간사 미우라 슈몬은 설립총회에서 다음과 같이 호소한다.

"헌법에 문제가 있다는 사실은 많은 국민이 느끼지만 헌법개정은 전문가에게 국한된 세계였다. 그러나 뛰어난 학식과 경험을 갖춘 '유식자'로 인정받는 여러분이 힘을 모음으로써 더 넓게 여론을 환기할 수 있다."

2002년 5월에는 이 '민간헌법 임시조사회'가 제1회 '공개 헌법 포럼'을 개회했고, 이후 해마다 개최한다고 한다.

야스쿠니 신사를 둘러싼 움직임

▶ 총리의 야스쿠니 신사 참배 지지와 '국립추모시설' 계획에 대한 반대 운동 __ 2001~2002년

발단은 2001년 8월 13일, 당시 총리 고이즈미 준이치로小泉純一郎의 야스쿠니 신사 참배였다. 일본회의 등은 이전부터 '고이즈미 총리의 야스쿠니 신사 참배를 지지하는 국민 모임'을 결성하여 총리의 참배 실현과 지원을 위한 '국민운동'을 전개했는데, 이 야스쿠니 신사 참배가 중국과 한국에서 격렬히 비판받자 고이즈미는 '국내외 사람들의 마음을 불편하게 하지 않고 추모의 마음을 표현하려면 어떻게 해야 할지 논의할 필요가 있다'는 담화를 발표하고 당시 관방장관 후쿠다 야스오^{福田康夫}의 사적 자문기관이라는 형태로 '추도 및 평화기원을 위한 기념비 등 시설의 올바른 형태를 생각하는 간담회'(단장 경단련 회장 이마이 다카시^{今井 敬})를 발족, 같은 해 12월에 총리 관저에서 첫 회담을 열고 논의를 시작했다.

초점은 '거국적으로 추도 및 평화를 기원하기 위한, 종교와 무관하고 항구적인 국립시설'의 필요성이었지만, 일본회의 등은 '야스쿠니 신사와 대립·경합한다', '총리의 야스쿠니 신사 참배를 저지하기 위한 수단', '전몰자의 야스쿠니에 대한 마음을 짓밟는다'는 주장을 펼치며 격렬하게 반발하고 대규모 반대 운동을 전개한다.

2002년 6월 11일에는 도쿄의 아카사카 프린스 호텔에 약 2,000명을 모아 '야스쿠니 신사를 대신할 국립추도시설에 반대하는 국민집회'를 열었고, 이후에도 유사한 집회를 도쿄 외의 다른 지역에서 열었으며 7월에는 전국 각지에 '캐러밴대'까지 파견했다.

간담회에서 보고서를 제출한 같은 해 12월에도 파상적으로 활동을 전개했는데, 일본회의 측 기록에 따르면 1,500명이 참가한 '국립추도시설반대 집회와 국회청원행진' 등을 행한 것 외에 같은 달 24일 간담회가 '국립추도시설이 필요하다'는 보고서를 발표하자 '총리의 야스쿠니 신사 참배를 요구하는 국민 모임'도 국회 내에서 기자회견을 열고 ① 신규시설이 야스쿠니 신사와 양립하는 것은 궤변, ② 신규시설 건설은 내정간섭의 허용이며, 일본의 주권과 명예를 손상하는 행위라고 호소했다.

아울러 일본유족회 회장이던 자민당 중의원 의원 고가 마코토^{古賀誠} 등도 반대하면서 최종적으로 국회의원 반대자도 260명을 넘어섰다. 또한 고이즈미 자신이 국립추도시설에 대한 의욕을 빠르게 잃으면서 정부는 이듬해인 2003년 1월, 국립추도시설의 건설보류를 결정하고 간담회 보고서는 방치된 채 현재에 이르렀다.

《조국과 청년》에는 가바시마가 다음과 같은 논문을 발표했다. 이 또한 일본회의의 핵심인물이 실제로 품었던 정치사상으로, 제국주의적 색채가 상상 이상으로 짙게 엿보여 흥미롭다.

> 고이즈미 총리의 야스쿠니 신사 참배는 긴조 폐하가 염원하는 야스쿠니 신사 참배로 이어지는 매우 고귀한 행동이다. 그러나 후쿠다 관방장관의 사적 간담회가 구상하는 '국립추도시설'의 건설은 총리의 야스쿠니 신사 참배를 금지하는 것이며, 그 최종목표는 긴조 폐하의 국립추도시설에 대한 참배를 영구화하는 것이다. 이로써 '국민의 안녕과 국가의 안녕'을 기원하는 기도를 지켜온 '천황의 길'과 그 천황의 마음에 응답하여 국가를 위해 순직한 '신민의 길'이 영원히 둘로 나뉘어 국체가 파괴되는 것이다. (중략)
>
> 이번 '국립추도시설' 건설 책동은 중국·한국의 외압에 굴복하여 야스쿠니 신사가 체현해온 '군민 일체'의 국체를 파괴하려 한다는 것이 최대문제다. 가공할 폭동을 단호히 저지할 근본적인 이유가 바로 여기에 있다.
>
> (2002년 7월호)

▶ 야스쿠니 신사 20만 참배운동 __ 2005년

종전 60주년에 해당하는 이해에 일본회의와 일본회의 국회의원간담회 등은 기자회견을 열어 종전기념일인 8월 15일에 총리가 야스쿠니 신사를 참배하도록 요구하는 동시에, 같은 해 8월 15일에 맞춰 '야스쿠니 신사 20만 참배운동'을 주장하면서 동원 활동을 전개했다.

당일에는 야스쿠니 신사 경내에 특별히 설치한 천막에서 일본회의 등이 '종전 60주년 국민 모임'이라는 이름의 집회를 열었다. 히라누마 다케오와 야마타니 에리코山谷えり子, 이시하라 신타로石原慎太郎 등의 정치가도 참가하여 동원 효과가 있었을 것이다. 국내외 언론에서는 이날 참배자가 전년의 같은 날보다 3배 이상 많았다고 크게 보도했다.

교육기본법에 대한 들끓는 분노

▶ 교육기본법 개정 운동 _ 2000~2006년

일본회의로 이어지는 전후 일본의 우파운동은 현행 헌법과 어깨를 나란히 하는 전후체제의 상징으로서 교육기본법을 적대시하며 증오대상으로 삼아왔다. '헌법과 마찬가지로 GHQ에 의해 강요되었다', '애국심을 이야기하지 않음으로써, 국가에 대한 자부심을 잃게 했다', '공공을 향한 봉사정신이 사라졌다', '종교적 정조의 함양이 없다', '전후 교육의 황폐는 헌법과 교육기본법에 유래한다'. 열거하면 끝이 없을 정도로 교육기본법을 향한 분노와 증오가 들끓는다. 전쟁 전의 교육칙어를 폐지하고 새롭게 들어섰다는 것에 분노하는 것도 있었을 것이다. 일본회의 사무총장인 가바시마도 2006년, 일본회의 사무총국의 멤버와 함께 그러한 울분을 그대로 드러

낸《전후 교육을 왜곡한 GHQ 주도의 교육기본법戰後教育を歪めたGHQ主導の教育基本法》(메이세이샤)이라는 책을 출판했다.

한편 정부 수준에서는 오부치 게조 정권 시절인 2000년 3월, 총리의 사적 자문기관으로서 '교육개혁 국민회의'가 발족하면서 흐름이 바뀌기 시작한다. 오부치의 갑작스러운 죽음으로 모리 요시로가 정권을 계승하고, 같은 해 12월에 이 자문기관이 다양한 교육 시책과 함께 교육기본법 재검토 필요성을 제언하자 중앙교육심의회(중교심)에서 논의를 시작한다. 그리고 2003년 3월에 중교심은 '공공의 정신, 도덕심'이나 '일본의 전통 · 문화의 존중', '향토와 국가를 사랑하는 마음'과 같은 내용을 교육기본법에 포함하는 것이 적당하다는 답신을 제출한다.

정부 수준의 움직임에 맞춰 일본회의 등도 활발히 움직이기 시작했다. 2000년 9월에는 '새로운 교육기본법을 요구하는 모임'을 설립하여 모리 정권에 교육기본법의 조기개정을 요청했다. 중교심의 답신이 나오기 직전인 2003년 1월에는 '일본의 교육개혁 유식자간담회＝민간교육 임시조사회'라는 조직을 설립했다.

그 직후인 2003년 3월에 중교심의 답신이 발표되자 이를 큰 기회로 여긴 일본회의는 특기인 '국민운동'을 온 힘으로 전개한다. 중앙에서 '국민운동' 조직을 설립하면 신사본청 등의 협력을 받아 파상적으로 집회를 개최하고, 이와 동시에 병행하는 형태로 전국에 '캐러밴대'를 파견하여 지방의회의 결의나 대규모 서명 운동 등을 진행하는데, 그러면 뜻을 함께하는 국회의원들이 의원연맹을 발족하여 정부와 여당을 압박한다.

《조국과 청년》은 이런 모습도 자세히 전한다. 예를 들어《조국과 청년》2004년 7월호에 게재된 일본청년협의회 대표 마쓰오카 아쓰시松岡篤志 관련 기사는 일본회의에 의한 '풀뿌리 운동'의 실태와 수법을 잘 보여주므로 조금 길어도 여기서 인용한다.

5월 하순부터 교육 황폐를 근본적으로 개선하기 위해 교육기본법의 조기개정을 요구하며 전국 캐러밴대(일본회의 주최)가 초여름의 일본 열도를 동서로 나누어 뛰어다닌다(네 부대로 나뉘어 활동 기간은 다르지만, 7월 중순까지). 일본회의 사무국 청년이 중심이 되어 메이지 신궁, 신사본청, 모랄로지 연구소, 일본청년협의회, 전일본학생문화회의 소속 청년들이 참가(예정 포함)했다. 나도 서일본대 대장으로 참여하여 주고쿠·긴키 구역을 담당했다.

교육기본법의 개정을 요구하는 지방의회 결의 운동은 작년부터 시작됐는데, 애초에는 의원들의 관심이 부족하여 전국적인 확대로 이어지지 못했다. 그런 가운데 올해 1월, 자민당 대회의 운영방침으로 '교육기본법을 개정하여 교육개혁을 추진'하는 것이 결정되고, 2월에는 초당파의 개정촉진의원연맹이 발족하였다. 중앙정계의 이런 움직임에 따라 3월 지방의회에서는 8개 현에서 결의가 이루어져 마침내 교육기본법 개정의 기운이 고조되었다.

우리 일본청년협의회도 금년도 '운동방침' 제1항에 '교육기본법 개정을 요구하는 지방의회 결의 운동 추진'을 내세워 '6월 의회까지 전국 과반수 현의회 결의를!'이라는 구호로 전국에서 풀뿌리 운동을 전개했다.

이러한 움직임 속에서 각지에서 더욱 활발히 활동을 전개하기 위해 참의원 선거를 앞두고 일본회의에서는 전국 캐러밴을 기획하여 교육기본법의 조기개정을 요구하는 결의가 이루어지도록 지방의원 설득을 중심으로 활동을 전개하였다. 목표는 ① 1000 지방의회 결의추진, ② 국회청원 500만 국민 서명 운동의 추진 등이었다.

때마침 캐러밴대가 출발하기 직전인 5월 18일, 당시 자민당 간사장이던 아베 신조는 전국의 자민당 현연맹 앞으로 '교육기본법의 조기개정을 요구하는 의견서' 채택을 촉구하는 '간사장 통지'를 발송하였고, 각 현에서도 '의견서' 채택을 위해 당내 스터디 그룹을 여는 등 구체적으로 움직이기 시작했다.

100명 이상의 지방의원이 모인 히로시마 현을 비롯해 이시카와, 오사카, 시가, 와카야마, 가가와, 미야자키의 각 현에서는 캐러밴대의 방문에 맞춰 교육기본법 개정을 주제로 한 연수회를 개최하였고, 많은 의원이 연수회에 참가하여 열성적인 논의를 전개했다.

아직 구체적인 활동이 없던 시마네 현에서는 캐러밴대가 방문하자 교육기본법 개정의 중요성을 인식한 한 의원이 즉석에서 "일부러 먼 도쿄에서 이곳까지 방문해주어 고맙다. 이렇게 중요한 문제인 줄 알았더라면 더 많은 의원이 참가해야 했다"고 말하며 대응했고, 6월 의회에서 채택되었다.

(2004년 7월호)

그리고 과거의 원호법제화 운동까지 거론하며 다음과 같이 전했다.

과거 1970년대 후반의 원호법제화 운동 때도 전국 방방곡곡에 청년 캐러밴대가 파견되어 지방의회 결의 운동을 전개했다. 당시에는 원호

존속에 대한 위기의식이 있으면서도 국민운동을 전개하여 현실적으로 법제화하려는 기개가 있던 사람은 별로 없었다. 그런 시기에 '지방에서 중앙으로'라는 구호 아래, 지방에서부터 풀뿌리 운동을 실천하여 착실하고 끈질기게 지방의회에 어필했던 것이다.

(2004년 7월호)

원호법제화 운동은 전후 일본 우파의 '성공체험'이며, 지금도 그것을 운동전개의 '표본'으로 삼고 있다는 사실을 잘 알 수 있다.

어쨌거나 일본회의 측 자료에 따르면, 신사본청 등의 지원을 받은 대규모 '캐러밴대' 활동을 통해 2004년 11월까지 교육기본법 개정을 요구하는 서명은 350만 명을 돌파했고, 개정에 찬성하는 국회의원은 380명, 지방의회의 개정요구 결의채택도 33개 도도부현, 236개 시구읍면에 달했다.

이에 힘입어 같은 해 11월 29일, 도쿄의 히비야 공회당^{日比谷公会}^堂에서 '교육기본법 개정을 요구하는 중앙국민대회'가 열렸다. 단상에는 대량의 서명지가 쌓인 가운데 이미 일본회의와 우파의 영웅이 된 아베 신조가 '교육기본법의 개정을!'이라고 쓰인 머리띠를 매고 단상에 서서 다음과 같이 호소했다.

"여당인 자민당, 공명당 간에 아직도 의견이 일치하지 않는 것이 '나라를 사랑하는 마음'인가, '나라를 소중히 하는 마음'인가 하는 점입니다. 그러나 '나라를 사랑하는 마음을 함양하는 교육'이라는 점은 자민당으로서 양보할 수 없는 마지노선이라고 생각합니다. '사랑한다'와 '소중히 한다'는 그 의미하는 바가 완전히 다릅니다.

'연필이나 지우개를 소중히 하자'는 말은 해도 '연필이나 지우개를 사랑하자'는 말은 하지 않습니다. 국가가 연필이나 지우개와 동등한 존재입니까? 역시 국가는 '사랑'하지 않으면 안 됩니다."

(《조국과 청년》 2005년 1월호)

헌법개정의 전초전

아베의 호소처럼 일본회의를 필두로 하는 우파에게 '애국심' 등을 교육기본법에 명기하는 것은 양보할 수 없는 선이었다. 그래서 이후에도 파상적인 집회개최 등이 계속되었고, 2006년 4월 13일 자민당과 공명당의 여당 안이 정해지자 활동은 더욱 활발히 전개되었다.

그 이틀 전인 4월 11일에는 일본회의 등이 주최하는 '교육기본법의 이번 국회 개정실현을 목표로 하는 국민대회'가 헌정기념관에서 열렸고, 4월 25일에는 역시 일본회의 등의 주최로 '교육기본법 개정실현을 목표로 하는 긴급집회'가 자민당 본부에서 개최되었다. 후자의 집회에는 시마무라 요시노부島村宜伸, 하기우다 고이치萩生田光一, 이나다 도모미 등 일본회의 국회의원간담회 멤버도 다수 참가했다.

주목해야 할 점은 일본회의가 이 교육기본법의 개정 운동을 본질적으로 어떻게 평가하는가 하는 문제다.

전 최고재판소 장관으로, 당시 일본회의 회장 미요시 도루는 2005년 4월 29일, 일본협의회 결성식전 축사에서 다음과 같이 말했다.

"헌법개정을 위해서는 앞서 시급히 해결해야 할 일이 있습니다. 그것은 말할 필요도 없이 교육기본법의 개정입니다. 전통과 문화의 존중, 애국심의 함양, 도덕성의 육성 등을 담은 기본법을 제정하고, 그를 토대로 착실하게 교육해 '일본에 자부심'을 느끼는 국민을 늘리지 않으면 우리 일본의 역사, 문화, 전통에 기초한 헌법개정은 절대로 불가능할 것입니다. 이런 의미에서 교육기본법의 개정이야말로 헌법개정의 전초전이라 할 수 있으므로 하루라도 빨리 교육기본법을 개정해야 합니다."

뒤에서 다시 설명하겠지만, '헌법개정의 전초전'으로서의 교육기본법 개정은 일본회의의 '영웅적 존재'가 된 아베 신조 정권이 훌륭하게 완수해낸다.

▶ 여성 천황 허용의 황실규범 개정 반대 운동 __ 2005~2006년

고이즈미 정권 때인 2005년 1월, 총리의 사적 자문기관으로 발족한 '황실규범에 관한 유식자 회의'(단장은 전 도쿄 대학 총장 요시카와 히로유키吉川弘之)에서 여성 천황 허용에 관한 논의를 시작했다. 가장 큰 주제는 '황위계승제도'였다. 오랫동안 황실에 남아가 태어나지 않아 황실규범에 규정된 황위계승 자격자가 사라질 우려가 대두하는 가운데 '황위의 안정적 계승'을 위한 방도를 모색하는 것이 그 목적이었다.

총 17회에 걸쳐 열린 유식자 회의는 같은 해 11월 보고서를 발표했다. '이전부터 계속된 황위의 남성 계승을 안정적으로 유지하기가 매우 곤란'하므로, '황위계승 자격을 여성이나 모계 황족으로 확대할 필요가 있다'는 내용이었다.

모계 천황의 허용이라는 유식자 회의의 보고서에 일본회의를 필두로 하는 우파는 강하게 반발하며 파상적인 활동을 전개했다. 보고서가 발표된 11월에는 일본회의 국회의원간담회가 황실규범 개정 문제에 관한 연구회를 연속하여 개최하고, 12월에는 일본회의 상임이사회에서도 이 문제에 개입하기로 한다.

이에 따라 이듬해인 2006년 2월에는 일본회의와 일본회의 국회의원간담회가 주최하는 '황실규범의 졸속개정에 반대하는 긴급집회'가 도쿄 나가타초의 헌정기념관에서 열렸고, 같은 해 3월에는 '황실의 전통을 지키는 1만 명 대회'를 일본 부도칸에서 개최했다.

유식자 회의의 보고서에 일본회의를 필두로 하는 우파가 왜 그리 반발했는지는 새삼 설명할 필요가 없을 듯하다. 일본회의 사무총장인 가바시마는 《조국과 청년》에서 다음과 같이 주장한다.

> 과거 모계에 의한 황위계승이 도입되었다면 일본의 역사는 근본적으로 달라졌을 것입니다. 즉, 일본 황실이 왕조의 교대가 아니라 한 가계의 혈통에 의해 단절되지 않고 125대에 걸쳐 계승되어 세계에서 가장 오랜 왕조로서 신화에 그 뿌리를 둔다는, 세계적으로도 유례를 찾아볼 수 없는 아름다운 일본의 모습은 사라지고 말았을 것입니다. 1,400년의 세월이 흘러 이런 사실을 진지하게 생각해야 할 시기를 맞았습니다.
>
> (2006년 2월호)

아울러 모계 천황을 허용할 것인지 아닌지에 관한 논쟁은 이로 부터 얼마 후인 2006년 9월, 아키시노노미야 가秋篠宮家에 히사히토 친황悠仁親王이 태어나면서 잦아든 상태였다.

'저지·반대 운동'으로부터 전환

▶ 제1차 아베 정권의 탄생과 개정 교육기본법 등의 성립__ 2006년~

'아름다운 국가건설' 그리고 '전후체제로부터의 탈각'이라는 슬로 건을 내세우며 2006년 9월, 아베 신조를 수장으로 하는 내각이 발 족했다. 이는 일본회의를 필두로 하는 전후 우파에게는 '가장 이상 적인 정권의 탄생'으로 여겨졌다.

일본회의 실무부대인 일본청년협의회·일본협의회의 기관지인 《조국과 청년》에도 '아베 정권, 전후체제와의 싸움'이라는 아베 정 권을 칭찬하는 대특집이 연달아 게재되고, 일본회의 사무총장 가 바시마는 2007년 6월 3일, 일본회의 후쿠오카 총회강연에서 아베 정권의 방향성과 일본회의 운동의 동질성·연관성을 다음과 같이 이야기했다.

> 아베 정권이 발족한 후로 내가 가장 크게 느끼는 변화는 일본회의가
> '저지 운동', '반대 운동'을 하는 단계에서 가치와 방향성을 제안하는
> 단계로 변화하고 있다는 점입니다. (중략) 부부별성문제, 외국인 참정
> 권 문제, 국립추도시설 문제, 황실규범에 관한 유식자 회의의 제안, 이

모든 문제에 대해 일본회의는 '반대' '저지' 운동을 전개하는 데 에너지 대부분을 소비해왔습니다.

그러나 어떻습니까? 최근 1년 동안 교육기본법 개정 운동, 헌법개정 국민투표법 성립 운동 등 일본의 바탕을 이루는 중대한 문제에 건설적인 에너지를 쏟아부을 수 있었습니다. (중략) 아베 정권이 들어서면서 국가 기본문제의 부정적 사항이 억제되는 시대가 되었다는 사실을 정권이 가져온 큰 작용으로 인식해야 한다고 생각합니다.

(2007년 7월호)

가바시마가 자화자찬한 것처럼 '헌법개정의 전초전'으로서 일본회의가 총력을 기울여온 교육기본법 개정안은 아베 정권 때인 2006년 12월에 성립하였다. 이전부터 개정하려는 움직임이 있었고 일본회의 등이 완전히 만족할 수 없는 내용이기는 해도 제2조 '교육의 목표'에는 '전통과 문화를 존중하고 양성해온 조국과 향토를 사랑한다'는 문언이 포함되어, 마침내 전후 우파의 염원이 또 하나 달성되었다고 할 수 있다.

가바시마가 말하는 '헌법개정 국민투표법의 성립'도 그러했다. 2007년 5월에 성립된 '일본 헌법의 개정절차에 관한 법률, 즉 국민투표법'은 말 그대로 헌법개정을 위한 절차를 정하는 법률이다. 이는 개헌이 목표임을 표방하는 아베 정권이나 같은 방향을 바라보는 일본회의 또한 개헌을 위해 꼭 필요한 단계로 평가한다. 제1차 아베 정권에서 실현된 방위청의 '성省'으로의 승격과 국가안전보장회의(일본판 NSC) 창설을 위한 노력도 마찬가지였다.

주지하는 바와 같이 일본회의가 기대한 제1차 아베 정권은 아베 자신이 건강문제 등을 이유로 정권을 포기하면서 발족한 지 불과 1년 만에 막을 내렸다. 하지만 후쿠다 야스오와 아소 다로가 이끈 2대 자민당 정권과 이후의 3대 민주당 정권을 거쳐 다시 아베가 집권하여 현재에 이르렀다. 아베 정권은 이미 통산 재임 기간이 전후 5번째가 되는 장기정권으로, 제2차 정권 후에도 집단자위권 행사를 허용하는 안보 관련 법제의 성립 등 일본회의와 전후 우파가 갈망하던 정책을 다수 펼치고 있다. '저지·반대 운동'에서 '가치·방향성을 제안하는' 정권에 대한 기대는 이 정도에서 머무르지는 않을 것이다.

전후체제의 원흉 타파

지금까지 1970년대부터 제1차 아베 정권이 발족한 2006년 무렵까지, 일본회의와 그 전신인 우파조직이 구체적으로 어떤 운동을 전개하고 어떤 성과를 올려왔는지 차례로 살펴보았다.

내용을 보면 알 수 있듯이 일본회의와 그 전신인 우파조직이 무엇을 가장 중시하고, 어떤 운동에 열성적이었는지, 다시 말해 무엇이 '가장 그들의 심금을 울리는 주제'였는지 그 윤곽이 더욱 명료해졌다고 생각한다.

무엇보다 먼저 ① 천황, 황실, 천황제의 수호와 그 숭배, 이어서 ② 현행 헌법과 그로 상징되는 전후체제의 타파, 그리고 이에 부수하는 것으로서 ③ '애국적'인 교육의 추진, ④ '전통적'인 가족관의 고집, ⑤ '자학적'인 역사관의 부정. 이로부터 파생한 그 밖의 주제를 다룰 수는 있어도 역시 핵심적인 운동대상은 이상 5가지로 집약된다고 할 수 있다.

운동의 노하우 역시 알게 되었을 것으로 생각한다. 이 책의 서두에서 언급한 바와 같이 원호법제화 운동 등에서의 '성공체험'을 통해 배운 수법, 오직 이것을 반복하여 진화·발전시켜왔다고 할 수 있다. 대규모 운동의 경우에는 신사본청이나 신사계, 신흥종교단체와 같은 동원력, 자금력을 보유한 조직의 후원을 받으면서 전국 각지에 '캐러밴대'라는 명칭의 회원부대를 파견하여 '풀뿌리 운동'으로 대량의 서명 모집과 지방조직 구축, 또는 지방의회에서의 결의와 의견서 채택을 추진함으로써 '여론'을 형성한다.

그와 동시에 중앙에서도 일본회의와 그 관련 단체, 종교단체 등이 연계하여 '국민회의'라는 명칭의 조직을 설립하고, 대규모 집회 등을 파상적으로 개최하여 시선을 끌면서 전국에서 모은 서명과 지방의회의 결의, 의견서를 갖고 중앙정계를 압박한다.

한편, 뜻을 같이하는 국회의원들도 이에 호응하여 의원연맹이나 의원 모임을 결성하고, 여당과 정책결정자를 움직여 운동목표를 실현하기 위해 노력한다. 이를 위한 토대로 일본회의는 지금까지 국회의원간담회나 지방의원연맹의 내실을 다지면서 가맹의원 수를 착실히 늘려왔다.

그리하여 일본회의와 그 전신인 우파조직은 최근 수십 년 동안 주로 5가지 주제로 집약되는 '국민운동'을 일관되게 전개해왔다. 때로는 집요할 정도로 반복하여 그들이 지향하는 국가상, 사회상을 실현하기 위해 시도했다. 그 결과 상당한 성과를 올렸다고 할 수 있다.

예를 들면 원호법제화 운동이나 건국기념일의 공휴일 지정을 들 수 있다. 그리고 '애국적'인 역사교과서의 편찬, 국기국가법의 제정, 황실숭배 의식의 함양, '헌법개정의 전초전'으로서의 교육기본법 개정도 그러하다. 특별히 일본회의와 그 전신인 우파조직의 운동이 위에서 언급한 모든 일의 원동력이 된 것은 아니다. 그들의 관점에서는 받아들이기 힘들 정도로 불충분한 면도 있겠지만, 일본회의와 그 전신인 우파조직의 활동이 큰 역할을 담당했다는 사실 또한 부정할 수 없다.

그야말로 대단하다고 감탄하지 않을 수 없다. 집념이 무서울 정도로 강하다고 할까, 집요하다고 할까. 끈질기게 운동을 계속 전개한 그들에게 감탄할 따름이다. 물론 그러한 운동 자체를 폄하할 생각은 추호도 없다.

다만, 일본회의의 핵심적인 위치에 있으면서 이들을 아는 관계자는 그 집념과 끈기의 배후에 '종교심'이 있다고 지적한다. 신흥종교단체 생장의 집 출신이기에 존재하는 '종교심'이 그렇다. 일본회의 자체가 신사본청을 필두로 하는 신사계로부터 두터운 후원을 받기 때문에 그 '종교심'에 의해 뒷받침되는 운동과 주장은 가끔 근대민주주의 대원칙을 쉽게 벗어나거나 짓밟는다.

천황 중심주의의 찬미와 국민주권의 부정. 제정일치에 대한 한없는 동경과 정교분리의 부정. 예를 들면 일본회의의 실무를 관장하는 가바시마는 일본이 세계적으로도 드문 전통을 지닌 국가이며, 국민주권이나 정교분리 등과 같은 사상은 일본 특성에 맞지 않는다는 주장을 평소 태연하게 입에 담아왔다. 이는 일본회의의 운

206

동과 동질성·연관성을 지닌 아베 정권의 위험성을 동시에 부각해 준다.

아베 정권과 일본회의가 지금 총력을 기울이는 최대목표는 무엇인가, 이 또한 새삼 언급할 필요가 없을 것이다. 그것은 바로 증오하는 전후체제의 상징이요 핵심이며 원흉인 것의 타파, 즉 현행 헌법의 개정이다.

5장

아베 정권과의 공명,
그 실상

수법과 조직의 총동원

2015년 11월 10일 오후 2시. 도쿄 기타노마루 北の丸 공원에 있는 일본 부도칸에는 평일 오후임에도 1만 명이 넘는 군중이 모여들었다. '아름다운 일본의 헌법을 만드는 국민 모임'이 주최하는 '지금이야말로 헌법개정을! 1만 명 대회'. 무대 정면 위쪽에는 거대한 일장기가, 무대 양옆에는 '헌법개정 1,000만 찬성자를 확대하여 국민적 대논의를 일으키자!'라고 쓰인 거대한 현수막이 걸려 있었다. 관내를 돌아보면 무대 뒤편을 제외하면 1층부터 3층까지 짙은 색 양복과 옷을 입은 사람들로 객석이 가득 채워져 거의 만석 상태였다.

1만 명은 어디까지나 주최 측 발표다. 다만, 부도칸의 수용 인원수는 1만 수천 명에 이르므로 관내 모습으로 추측건대 절대 과장된 숫자는 아니다. '아름다운 일본의 헌법을 만드는 국민 모임'은 사무국 기능 일부를 일본회의가 담당하는 사실상의 프런트 조직으로, 애초 일본회의에 모이는 신사본청을 비롯한 종교단체들이 부도칸을 가득 메울 정도로 인파를 동원하는 일쯤은 아주 쉬운 것이었다.

집회는 거의 정각에 시작되었다. 먼저 기미가요(일본 국가)를 제창했으며 그 뒤 사회자 소개를 받고 제일 처음 무대 중앙에 선 것은 사쿠라이 요시코다. 새삼 설명할 필요가 없는 '아름다운 일본의 헌법을 만드는 국민 모임'의 공동대표를 맡은 사쿠라이는 바야흐로 우파의 성녀 혹은 상징적인 존재로 추앙받고 있다.

군중이 시선을 받으며 마이크 앞에 선 사쿠라이가 차분한 어조로 다음과 같이 호소하자 회장에는 커다란 박수갈채가 쏟아졌다.

"일본에서 헌법이 시행된 지 어언 68년. 우리는 헌법을 개정할 때가 무르익었다고 생각합니다. 전국 방방곡곡, 일본을 사랑하는 모두의 힘을 합하여 헌법개정 실현을 위해 모두 힘을 모읍시다!"

그러나 집회의 하이라이트는 아직이었다. 내빈소개 등에 이어 정면에 설치된 대형 스크린에 한 남자가 등장한다. 자민당 총재이자 총리인 아베 신조. 사회자가 말한다.

"애초 참석하실 예정이었습니다만, 오늘은 부득이하게 이런 모습으로 여러분을 만나게 되었습니다. 비디오 메시지를 듣겠습니다."

화면 속 아베가 1만 명의 군중에게 말했다.

"이 자리에 함께해주신 여러분, 안녕하십니까? 자유민주당 총재 아베 신조입니다. 헌법개정의 조기실현을 요구하며 전국 각지에서 모이신 여러분께 진심으로 경의를 표합니다.

헌법은 국가의 형태, 미래를 이야기하는 것입니다. 그런 의미에서 우리 자신의 손으로 헌법을 만들자는 정신은 새로운 시대의 개척으로 이어집니다. 저는 그렇게 생각합니다. 자민당은 창당 이래 60년 동안 헌법개정을 당제로 삼으며 선거공약에도 헌법개정을 명기해왔습니다. 2012년에는 당에서 헌법개정 초안을 발표하고, 이와 관련하여 각계각층의 의견을 수렴했습니다. 헌법개정 절차에 관해서는 제1차 아베 정권에서 국민투표법이 제정됨으로써 헌법개정을 향해 건너야 할 다리가 정비되었습니다.

이제 중요한 것은 깊이 있는 국민적 논의를 전개해나가는 일입니다. 헌법개정은 중참 양원 의원 3분의 2 이상의 찬성을 얻어야 발의됩니다만, 가결 여부를 결정짓는 것은 국민투표입니다. 국민이 헌법을 개정해야 한다고 생각했을 때 비로소 이루어질 수 있습니다.

아름다운 일본의 헌법을 만드는 국민 모임 여러분은 전국에서 헌법개정 1,000만 찬성자 확대 운동을 추진하여 국민적 논의가 활발히 전개되도록 해주셨으면 합니다. 헌법을 자기 손으로 직접 만들어낸다, 이 정신이 일본 전체로 확대되도록 앞으로도 전력을 다해주시기 바랍니다.

헌법개정을 위해 우리 모두 굳건한 결의로 한 걸음 나아갑시다!"

삼권의 하나인 행정권의 수뇌로서, 국가의 최고권력자이기도 한 총리에게는 헌법을 존중·옹호해야 할 엄격한 의무가 있다. 그런데도 총리로서 개헌을 호소하는 행위는 명백히 이에 반한다. 자민당 총재라는 입장에서 낸 메시지였지만, 이처럼 명백하게 개헌을 지향한다고 공언하면서 우파단체를 향해 명확한 메시지를 보낸 최고권력자는 전후 최초라 할 것이다.

일본회의를 비롯한 일본의 우파조직은 지금이야말로 오랜 비원을 실현할 천재일우의 기회라고 생각한다. 이대로 단번에 개헌을 실행할 수 있기를 진심으로 바라기 때문에 일본회의는 지금까지 축적해온 온갖 수법과 조직을 총동원하여 전국에서 활발한 운동을 전개하고 있다.

개헌을 향한 마지막 스위치

다시 일본회의 사무국 역할을 담당하는 일본협의회·일본청년협의회의 기관지《조국과 청년》을 들여다보자. 이 잡지에 따르면 실의에 빠진 아베가 제2기 정권 탈취에 성공하고 채 1년이 지나지 않은 2013년 여름, 일본회의는 예의 '전국 종단 캐러밴대'를 각지에 파견했다. 슬로건은 '헌법개정의 실현'과 '중국의 위협으로부터 센카쿠尖閣와 오키나와를 지키자'였다. 일본회의 등이 수십 년에 걸쳐 반복적으로 구사해온 '캐러밴대'의 역할은 더는 설명할 필요가 없을 것이다. 그들은 전국 각지에서 서명을 모으면서 지방조직의 구축 등을 추진하고 지방의회에서의 결의와 의견서 채택을 압박한다.

이와 연동하여 중앙에 '국민운동' 조직을 설립하고 파상적으로 대규모 집회를 개최하는 것도 그들의 특기다. 이에 해당하는 '아름다운 일본의 헌법을 만드는 국민 모임'이 설립된 것은 2014년 10월 1일. 공동대표에는 사카이 요시코와 더불어 일본회의 전 회장으로 현재 명예회장인 미요시 도루, 현 회장인 다쿠보 다다에 등 총 세 명이, 간사장에는 일본대 교수인 모모치 아키라, 사무총장에는 신도정치연맹의 간사장인 우치다 후미히로打田文博, 그리고 사무국장에는 일본회의 사무총장인 가바시마 유조가 취임했다. 이른바 일본회의를 중심으로 결집하는 우파의 '올스타' 같은 인물들이라 할 수 있다.

'국민 모임'이 설립된 날, 도쿄 나가타초의 헌정기념관에서 열린 설립총회에서는 역시 사쿠라이 등이 단상에 올라 개헌을 호소했고, 제2차 아베 정권에서 총리 보좌관에 임명된 생학련 출신의 참의원 에토 세이치도 다음과 같은 격려사를 보냈다.

"아베 내각은 헌법개정을 위해 성립되었습니다. 마지막 스위치를 누를 때가 다가왔습니다."

개헌을 향한 마지막 스위치. 그 원동력이 되려는 '국민 모임'이 내세우는 당면한 운동목표는 다음 세 가지다.

• 헌법개정의 조기실현을 요구하는 국회의원 서명과 지방의회 결의 운동을 추진한다.

- 전국 47 도도부현에 '현민 모임' 조직을 설립하여 개정여론을 환기하는 계발 활동을 추진한다.
- 아름다운 일본의 헌법을 만드는 1,000만 찬성자의 확대 운동을 추진한다.

지방의회에서의 결의나 의견서 채택 운동, 지방조직 구축이나 대규모 서명 운동 모두 거듭 말하지만 일본회의가 특기로 하는 수법들이다. 또한 일본회의의 활동을 동원 면이나 자금 면에서 뒷받침해온 신사본청과 전국 신사계도 '국민 모임'을 본격적으로 지원했다. 무엇보다 각지의 신사가 '1,000만 찬성자 확대 운동'에 협력하여 경내 등에서 서명 운동을 하는 것이 그 증거라 할 수 있다.

서명 운동과 지방의회에서의 의견서 채택은 이미 상당한 진전을 보인다. 일본회의 지방의원연맹이 개설한 블로그 등에 따르면, 2015년 11월 시점에 도도부현 의회에서의 의견서 채택은 32 도도부현, 시구읍면 의회에서는 55 시구읍면에 이르며, '국민 모임'은 전체 47 도도부현에서 발족했다. 지방의원연맹은 가맹의원에게 개헌 운동을 격려했고, 같은 해 5월 29일에 열린 지방의원연맹총회의 주제는 '헌법개정'이었다. 여기에 내빈으로 참석한 일본회의 회장 다쿠보 다다에, 일본회의 국회의원간담회 회장 히라누마 다케오, 자민당 정조회장으로 간담회 유력 멤버인 이나다 도모미 등은 개헌 운동의 필요성을 강조했다.

신사본청 등의 협력을 받은 '1,000만 찬성자 확대 운동'이라는 전국 규모의 서명 운동도 상당히 진행되고 있었는지, 앞서 언급한 '지금이야말로 헌법개정을! 1만 명 대회' 무대 위에는 해당 시점에서 얻은 서명자 수가 자랑스러운 듯 크게 기재되어 있었다.

'445만 2,921명'이라고.

역사적인 사건이 일어나고 있다

지방의회에서 결의·의견서 채택과 서명 운동에 호응하고 중앙에 '국민운동' 조직을 설립하여 파상적으로 대규모 집회를 개최하는 한편, 뜻을 같이하는 국회의원들에게 의원연맹이나 간담회를 조직하게 하여 정부와 여당을 압박하는 것도 일본회의가 자주 활용하는 방식이다. 일본회의에 따르면 중참 양원의 국회의원에 의한 '개헌 찬성 서명'이 400명을 넘어섰다는데, 이는 중참 양원 전체 의원의 절반을 넘은 수다.

게다가 현 정부·여당의 수뇌에 군림하는 이가 아베 신조다. 일본회의로서는 아베 정권의 탄생이 '저지·반대 운동을 하는 단계에서 가치·방향성을 제안하는 단계로 변화했다'(일본회의 사무총장인 가바시마)고 할 만큼 이상적인 상황이며, 정부에 어필할 필요 없이 정권 그 자체가 같은 방향을 향해 돌진하는 상태라고도 할 수 있다.

가바시마는 《조국과 청년》에서 다음과 같이 말한다.

만약 국회에서 헌법개정안이 발의된다고 해도 국민투표에서 'NO' 하면 아베 총리는 궁지에 몰릴 것입니다. 전후 70년 이래 처음으로 맞는 헌법개정의 기회라는 점을 알고, 역사적 사건이 일어나고 있음을 자각해야 합니다. (중략) 기회는 한 번뿐이라고 생각하고 주어진 기회를 확실히 잡도록 투쟁을 전개해야 합니다.

(2015년 5월호)

1960대부터 약 반세기 동안 우파운동을 계속해왔고 지금은 일본회의의 현장을 관리하는 남자는 이렇게 말하며 아베 정권을 두둔하고 배려한다. 또한 아베 정권의 탄생으로 '주어진 기회'를 어떻게 해서든 확실히 잡아 오랜 비원인 개헌 실현으로 승화시키고 싶다면서 운동을 고무한다.

그렇다면 이제 내가 이 책의 프롤로그에서 제시한 근본적인 물음으로 되돌아가보자.

제2차 아베 정권이 탄생한 후, 국내 언론의 침묵과는 상관없이 외국 언론은 일본회의를 '극단적인 우파', '반동적 그룹'(미국 CNN), '극우 로비 단체'(오스트레일리아 ABC TV), '강력한 초국가주의 단체'(프랑스 르몽드) 등으로 평가했고, 아베 정권과의 관계에 대해서는 '(일본회의가) 국책을 장악하고 있다'(오스트레일리아 ABC)거나 '아베 내각을 좌지우지하며 역사관을 공유한다'(미국 CNN)고 분석했다. 이를 어떻게 받아들여야 하는가?

일본회의가 '반동적'이며 '극우'이고 '초국가주의'라는 지적은, 정치적 입장에 따라 얼마간 이론이 있다고 하더라도 대체적으로는 정곡을 찌른 평가라고 나는 생각한다. 조직의 이론구축과 사무총괄의 핵심을 생장의 집 출신자들이 담당하고 있으며, 신사본청을 필두로 하는 전국 신사계나 우파 신흥종교단체가 강력하게 지원하는 일본회의의 실태는 단적으로 말하면 종교 우파조직이라 할 수 있는데, 그 주장하는 바가 상당히 제국주의적이며 전쟁 전으로 회귀하고자 한다. 그러므로 전후체제를 철저히 적대시하고 증오하며 전환과 전복을 도모하는 모습은 충분히 '반동적'일 것이다.

또한 그 주장은 종종 근대민주주의 대원칙을 태연히 짓밟는다. 천황을 절대시하고 국민주권을 경시하며 정교분리 원칙 등은 대수롭지 않게 생각한다. 그 뿌리에는 자민족 중심주의, 즉 자민족 우월주의의 그림자마저 엿보인다. 이를 '극우', '초국가주의'로 평가하는 것은 오히려 아주 자연스럽기까지 하다.

차기 에이스, 이나다 도모미의 증언

그렇다면 '국책을 장악한다'거나 '아베 정권을 좌지우지한다'는 평가는 어떤가? 나 나름대로 총괄하고 있지만, 그것은 마지막에 이야기하기로 하고, 나는 이들 질문에 관한 솔직한 생각을 아베 정권과 일본회의 국회의원간담회 핵심에 있는 정치가들에게 듣고 싶었다. 실제로 몇 사람에게 취재를 요청해보았지만, 예상한 대로 거의 전부 거절했다. 그런 가운데 홀로 취재에 응하겠다고 답한 중의원 의원이 있었다.

이나다 도모미. 일본회의 국회의원간담회의 유력 멤버로, 일본회의 쪽 집회에서도 가끔 강연한다. 일부 우파에서 아베 신조의 후계 후보로까지 거론하는 이나다는 '우파정계의 차기 에이스'로 주목받는 존재다. 현재는 자민당 정조회장을 맡고 있으며, 아베 총재 체제의 여당에서 정책 입안을 관리하고, 정권과 일본회의 그리고 자민당과 일본회의의 관계에도 정통하다.

게다가 이나다는 일본회의 핵심에 있는 가바시마 유조 등과 마찬가지로 생장의 집과 관계있다는 이야기가 떠돈다. 생장의 집 창시자인 다니구치 마사하루의 사상을 지금까지도 굳건히 신봉하는 사람들이 발행하는 월간지《다니구치 마사하루 선생을 배운다谷口雅春先生を学ぶ》(2012년 7월호)에 이나다의 다음과 같은 강연록이 실린 적이 있다.

> 나는 다니구치 마사하루 선생님의 가르침을 늘 내 삶의 근본으로 여겨왔습니다. 오늘 낡아서 너덜너덜해진 1938년에 발행된《생명의 실상》을 가져왔는데 이것은 내 외할머니가 읽던 책으로, 1933년생인 어머니도 읽었습니다.
>
> 매우 신기하게도 1932년생인 아버지도 이《생명의 실상》덕분에 목숨을 구했습니다. 아버지는 오랫동안 몸이 약해서 폐병으로 고등학교를 휴학하고 병상에 있었습니다. 그런 아버지가 다니구치 마사하루 선생님의《생명의 실상》을 만나고서 자신은 괜찮다며 이불을 들치고 일어나 고등학교에 복학하고 교토 대학에 진학했습니다. 그렇게 해서 우리 집에는 오랫동안《생명의 실상》이 있었습니다.

본인이 생장의 집 신자였는지 아닌지는 차치하고, 이런 환경에서 자랐다는 사실만 보더라도 일본회의에 모이는 '종교심'이 있는 사람들과 생각이 맞았음을 추측할 수 있다. 일본회의를 주제로 하는 이 책의 취지를 봐도 절호의 인터뷰 상대라고 생각되었다.

이나다와의 인터뷰는 2016년 3월 23일 오후, 도쿄 나가타초에

있는 자민당 본부의 정조회의실에서 이루어졌다. 의외로 솔직하게
답해준 이나다와의 인터뷰도 정확성을 기하고자 내 평가와는 엄격
히 구분하여 일문일답 형식으로 소개한다.

친밀한 관계는 전혀 아닙니다

– 먼저 일본회의 국회의원간담회에 들어가게 된 경위부터
듣고 싶습니다.

"꽤 오래전 일이라 기억이 확실하지 않습니다만 분명 권유를 받
고 들어갔습니다. 나는 본래 변호사로, 이른바 '백 명 베기' 명예훼
손 재판에서 주임변호사를 맡고 있었습니다."

– 난징 전투 당시에 일본군 장교 두 명이 '백 명 베기 경쟁'을 했다고 당
시 신문에 보도된 사건 말이군요. 유족이 2003년에 '창작 기사로 명예가
훼손되었다'며 《아사히 신문朝日新聞》과 《마이니치 신문每日新聞》(당시는
《도쿄 일일신문東京日日新聞》)을 고소했습니다. 이나다 씨는 유족 측 주임
변호인이었지요.

"예. 그런 활동을 계기로 총리(아베)의 권유를 받아 정치가가 되
었습니다. 또한 내 재판에 도움을 주신, 일본회의에서 활동하는 고
보리 게이치로 선생과의 인연으로 자연스럽게 들어갔다고 할 수
있습니다."

– 외국 언론 등은 일본회의에 관해 '일본 최대의 우파 로비 단체'라거나
'아베 정권을 좌지우지한다'라는 식으로 보도하고 있습니다. 이나다 씨 자
신은 어떻게 생각합니까?

"그런 이미지는 아니라고 할까, 그처럼 힘 있는 조직으로 생각한 적은 없습니다. 물론 여러 가지 부탁을 받는 경우는 있습니다. 이런 저런 모임에 나와서 이야기해달라거나 헌법 문제의 심포지엄에 출석해달라는 요청을 받기도 합니다. 그런 요청을 로비 운동이라고 하는지는 모르겠습니다만, 내 정치활동을 직접 후원해준다거나 그 대가로 무엇을 해준다거나 하는 그런 친밀한 관계는 전혀 아닙니다."

– 예를 들어 정치자금이나 선거운동을 지원해주는 일은 없습니까?

"그런 일은 없습니다. 예를 들어 후원 파티권(을 사준다)거나 선거 때 운동을 지원해준나서나 하는 일은 전혀 없습니다. 오히려 내가 (국회의원간담회의) 사무국장을 하고 있고, 총리(아베)도 (마찬가지로 국회의원간담회의) 회장을 하는 신정련(신도정치연맹) 분이 선거에 협력해주는 면은 있습니다. 신사는 자민당을 지지하고 각지에 청년 신주도 많습니다. 지방에는 각 지역에 신사가 있고, 그곳에서 지역활동이나 축제 등을 하므로 관계는 친밀하다고 생각합니다."

– 신사본청도 일본회의의 유력한 멤버입니다만, 적어도 일본회의라는 조직 자체가 선거 등에서 직접 후원하는 일은 없고, 그 정도로 강력한 힘이 있다고도 생각하지 않는다?

"예, 그렇습니다."

– 그렇지만 지금 중참 양원에서 약 280명의 의원이 일본회의 국회의원 간담회의 일원이고, 아베 정권의 각료도 절반 이상이 간담회 멤버입니다.

"그것은 사실입니다만, 일본회의라는 울타리 안에서 어떤 운동을 함께한다는 의식이, 내게는 별로 없습니다."

– 그것을 어떻게 생각하면 좋을까요? 요컨대 결과론입니까? 아베 정권

과 일본회의 주장의 친화성이 높아서 결과적으로 일본회의 국회의원간담회에 속한 각료 수가 많아진 것일까요?

"결과적으로 아베 총리의 사상·신조와 일본회의가 실현을 호소하는 정책에서 일치하는 부분이 많다고는 생각합니다."

– 그러면 약 280명의 국회의원이 일본회의 국회의원간담회에 속한 이유는 무엇이라고 생각합니까? 선거 때 도움받는 것도 아니고 별로 이득이 될 것 같지도 않은데 이렇게 많은 의원이 속해 있고, 최근에는 더욱 늘어나고 있습니다.

"그것은 사상과 신조 면에서 일치하기 때문이겠지요. 그렇지만 예를 들어 다니가키 사다카즈谷垣禎一 씨나 이시바 시게루石破茂 씨도 속해 있습니다. 본인에게 들어봐야 알겠지만, 다니가키 씨나 이시바 씨는 아마 일본회의에 친밀감이 그리 높지 않을 것입니다."

– 아베 정권과 친화성이 높으니까 일단 가입하고 보자는 사람도 상당수 있다는 말이지만, 그 점에서 이나다 씨는 다릅니다. 일본회의가 상당히 기대하는 존재지요.

"기대를 받는지는 모르겠습니다만, 그러한 의미에서 (정책 등의) 방향성이 같다고 (일본회의 측은) 생각하겠지요."

– 이나다 씨 자신도 헌법개정이나 다른 정책과 관련해 일본회의의 주장에 이의가 없다는?

"방향성은 같습니다만, 조금 다른 부분도 있습니다. 나는 도쿄 재판에 관해서도, 도쿄 재판 자체를 부정하지는(무효를 주장하지는) 않습니다. 그래서 실제 이상으로 기대되는 점이 있다고 느끼는 때도 있습니다."

– 그 말씀은?

"예를 들면 위안부 문제입니다. 20만 명에 이르는 젊은 여성을 강제 연행하여 '성노예'로 삼거나 하는 일은 없었다고 나는 주장합니다만, 위안부 제도 자체가 중대한 인권침해라는 사실은 틀림없습니다. 이렇게 말하면 비판받기도 합니다. 난징 문제도 20만 명이나 30만 명을 닥치는 대로 죽였다는 주장에 의문을 품습니다만……."

 - 난징 학살 자체가 없었다고 주장하는 것은 아니라는 뜻입니까?

"예, 다수의 포로를 살해한 사건은 있었습니다. '보수'라 하더라도 당연히 조금씩 다른 면이 있습니다."

헌법개정 문제의 근본

 - 그런데 조금 민감한 질문이 되겠습니다만, 이나다 씨와 생장의 집의 관계는?

"나는 생장의 집 신자는 아닙니다만, 다니구치 마사하루 씨가 쓴 《생명의 실상》의 〈생활편〉에 있는 '배수의 진을 쳐라'라는 글에 크게 감동하여 사법시험을 치를 때 가지고 갔을 정도였습니다."

 - 부모님이나 할머니가 신자셨습니까?

"그렇지는 않습니다. 다만, 아버지가 고교 시절에 폐병으로 휴학했는데 아무리 애써도 낫지 않아 고생할 때 《생명의 실상》을 읽은 후 자리 털고 일어나는 체험을 했습니다. 외할머니와 어머니도 같은 책을 읽었는데, 낡아서 너덜너덜해진 외할머니 책이 집에 있어 나도 읽게 되었습니다."

- 《생명의 실상》은 전부 수십 권에 이릅니다만, 전권을 읽었습니까?

"아니, 아니요. 일부입니다. 〈생활편〉, 특히 '배수의 진을 쳐라'라는 한 편뿐입니다. 하지만 확실히 그 글에 큰 감명을 받았습니다. 굉장히 좋아요. 긍정적이고."

- 어떤 종교를 믿건 물론 완전히 자유입니다만, 일본회의에는 생장의 집 출신자가 많고 그들이 운동의 현장을 뒷받침하고 있습니다.

"예. 하지만 솔직히 말하면 나는 정치가가 되고 한참 후에야 (일본회의와 생장의 집 관계를) 알게 돼서 '흐음, 그랬구나' 하고 생각했습니다. 일본회의와 생장의 집……, 뭐랄까, 다니구치 마사하루 씨의 가르침과 가깝지요. 그것을 알고 '아, 그랬구나' 하고 생각했습니다."

- 다니구치 마사하루 씨를 신봉하는 정치가는 자민당에도 꽤 많습니다.

"영향을 준다고는 할 수 있지요."

- 한편 일본회의는, 조금 전에도 말했습니다만, 신사본청과 관계가 있습니다. 종교단체가 정치운동을 선도하면 정교분리 면에서 문제가 되지 않습니까? 생장의 집 출신자나 신사본청 일부 인사에게 그 주장을 들어보면 상당히 제국주의적이라는 느낌입니다.

"신사에 관해서는 신도라기보다는 지역활동 자체라고 생각합니다. 시치고산七五三(7세, 5세, 3세 아이의 성장을 축하하는 연례행사 — 옮긴이)이나 정월 첫 참배, 축제, 오곡풍양을 기원합니다. 나는 순수한 종교로는 생각하지 않습니다. 교리도 없고요."

- 신사신도가 종교가 아니라고 한다면, 예를 들어 건국기념일의 식전을 정부가 주최해도 문제없고, 극단적으로 말하면 야스쿠니 신사를 국가가 관리해도 상관없지 않습니까?

"신화를 어떻게 보는가 하는 문제입니다만, 신화로까지 거슬러 올라가는 일본의 역사, 그러한 전통과 문화라는 의미에서 저는 건국기념일을 중요하게 생각합니다. 다만 야스쿠니 신사의 국가관리는 현재 상황에서는 쉽지 않은 문제입니다."

– 그러나 가능하다면 그 방향으로 나아가야 한다고 생각합니까?

"그 부분은 헌법과 관련이 있습니다."

– 과연 그 부분까지 나아가면 정교분리에 반한다는 말이군요.

"예, 정교분리와의 관계가 대두할 것으로 생각합니다. 법치국가인 이상, 항상 헌법과의 관계를 고려하여 신중하게 대응해야 한다고 생각합니다."

– 그 헌법 이야기입니다만, 아베 정권도 일본회의도 바로 지금의 최대 목표는 헌법개정입니다. 이를 지향하는 아베 정권에게 일본회의의 존재는 역시 강력한 지원군일까요?

"총리도 말씀하셨듯이 헌법개정은 국민의 이해가 없으면 절대로 불가능합니다. (중참 양원에서) 발의하여 (국민투표에서) 부결된다면, 그때는 정말 헌법개정이 상당히 어려워집니다. 그래서 일본회의나 신정련뿐만 아니라 정치가는 295 선거구 전국 방방곡곡에 있으므로 다양한 장에서 헌법에 관한 논의가 많이 이루어져야 한다고 생각합니다."

– 일본회의가 주도하는 '아름다운 일본의 헌법을 만드는 국민 모임'이 현재 활발하게 헌법개정 운동을 펼치고 있습니다. '국민의 이해를 도모한다'는 의미에서는 든든한 힘이 되지 않겠습니까?

"방향성은 아베 정권과 같습니다만, 사실은 정치가가 더 노력해야 한다고 생각합니다. 나는 역시 9조 2항이 마음에 걸려요. 자위대와 최소한으로 필요한 자위권 행사를 합헌으로 인정하는 헌법이 필요합니다. 그리고 헌법이 제정된 것은 (일본이) 주권을 제한당한 점령기였어요. 비록 헌법을 바꾸지 않는다 하더라도 현 헌법이 이 대로 좋을지, 아니면 바꿀지, 확실하게 민주적 절차를 밟아야 한다고 생각합니다. 그래야 일본 민주주의가 강해집니다.

– 말씀을 들으니 다니구치 마사하루 씨의 주장이 떠오릅니다. 현재의 헌법은 무효이며, 메이지 헌법을 '복원'한 후에 논의해야 한다고 했지요. 생장의 집 출신자들은 그리 생각하는 듯합니다.

"주권회복 직후였다면 그 주장도 국민의 이해를 얻을 수 있었을지 모릅니다. 하지만 70년 동안 현행 헌법을 중심으로 여러 가지 제도가 정비되었는데 이제 와서 무효로 하는 것은 현실적이지 않습니다."

– 다시 말해 본래라면 그 같은 주장도 일리가 있겠지만 지금은 어려운 일이다?

"지금의 헌법을 토대로 전후체제가 전부 정비되었습니다. 그것을 근본부터 뒤집는 것은 해서는 안 될 일이라고 생각합니다."

– 어쨌거나 역시 헌법개정이 당면의 최대목표군요.

"예, 실제로 주권이 제한된 점령기에 만들어진 헌법이 과연 정상적인 형태로 정해졌는가? 헌법개정 문제의 근본은 여기에 있다고 생각합니다."

일본회의라는 존재의 무게

　　　　　이나다의 이야기를 어떻게 받아들일지는 저마다 다를 것이다. 상당히 조심스러운 자세로 말하기도 하고, 본심과 다른 부분도 많았을 것이다. 자민당 3역의 한 사람으로서 당의 정책을 입안하는 정조회장이라는 입장 탓에, 되도록 자극적이지 않으면서 완곡한 어조로 돌려 이야기하려는 노력이 상당히 엿보였다. 생장의 집 창시자인 다니구치 마사하루의 영향을 약간 받았다면서 제국주의적인 주장을 펼치고 그 한계를 깨끗이 인정하는 부분에서는 현재 정계에 감도는 우파사상의 얄팍한 본질이 살짝 드러나는 것 같기도 하다.

　그러나 일본회의라는 우파조직에 관한 발언은 그 나름대로 진실에 가까이 다가갔다고 나는 받아들였다.

　일본회의의 주장에 공감하며 거의 같은 방향을 향하고는 있어도 그렇게 강력한 힘이 있는 조직으로는 느껴지지 않는다. 선거에 많은 도움을 받는 것도 아니다. 물론 일본회의는 선거 때 특정 정치가를 추천하고 추천받은 정치가는 선거운동에서 지원받는지 모르겠지만 그것은 극히 일부이며 이나다를 포함한 정치가 대부분은 '은혜'나 '보답'을 받지 않는다.

　다만, 여기서도 신사본청과 신사계의 힘은 특별하다. 전국 방방곡곡에 네트워크를 구축한 신사계는 보수 혹은 우파 정치가에게 현지의 중요한 지지기반이며, 신사본청의 참가는 일본회의의 구심력을 크게 증폭하고 있다.

　그렇더라도 일본회의 자체에 큰 힘이 있다는 느낌은 들지 않는다고 이나다는 거듭 말했다. 일본회의 국회의원간담회에 많은 의원이 이름을 올렸다 하더라도 간담회 활동에 별로 관심 없는 의원도 많다고 했다. 이에 관해서는 2장에서 소개한 자민당의 도쿄도의원인 고가 도시아키의 이야기가 떠오른다. 일본회의 도쿄도의회 의원간담회 임원을 역임한 고가는 다음과 같이 말했다.

"자주헌법 제정은 자민당의 당제이고, 그러한 (당제를 호소하는) 국민운동이 자민당 의원이나 의원이 되려는 사람에게 전달되면 역시 참여하는 편이 좋겠다고 생각해서 일단 인맥을 만들어두자는 생각에 간담회에 들어가는 사람이 많다고 생각합니다."

분명 그러한 면도 없지는 않을 것이다. 그렇다면 역시 일본회의가 아베 정권을 좌지우지한다거나 지배한다기보다는 오히려 양자가 공감하고 공명하면서 '전후체제의 타파'라는 공통목표를 향해 나아가 결과적으로 일본회의라는 존재가 거대해졌다고 생각하는 편이 적절한 것 같다. 즉, '위로부터'의 권력 행사를 통해 '전후체제를 타파'하려고 호령하는 아베 정권과 '아래로부터'의 '풀뿌리 운동'으로 '전후체제를 타파'하고자 집요하게 운동을 지속해온 일본회의에 모인 사람들이, 전후 처음으로 자전거 앞뒤 바퀴처럼 서로 작용하면서 오랜 비원을 실현하기 위해 나아가고 있다는 것이다.

다만, 여기서도 도쿄도의회 의원인 고가의 말이 떠오른다.

"아베도 그렇게 (정치사상이) 깊지는 않아요. 그것을 일본회의가 어느 정도 이끌어준다고 생각합니다. 원리적인 부분을 일본회의가 확실히 주장해주고 있으니까요."

이 또한 일종의 진실이라고 생각한다.

나는 최근 주간지 《AERA》에 아베 신조의 생애와 본 모습을 추적하는 장기연재 르포를 발표했다. 취재를 하면서 아베의 세케^{成蹊}학원 시절의 동급생과 지인, 은사, 회사원 시절의 상사, 동료 등을 일일이 만나 이야기를 들었는데, 정계에 진입하기 전의 아베에게서 현재의 정치적 입지로 이어지는 기색을 감지한 사람은 거의 없었다. 지성을 단련한 모습도, 정치사 같은 지식을 쌓아 올린 흔적도 거의 찾아볼 수 없었다는 얘기다.

그런 아베를 회사원 시절의 상사는 다음과 같이 평가했다.

"어린 강아지가 늑대 무리에 섞여 사는 동안 저렇게 되어버렸다, 나는 그리 생각합니다."

머지않아 연재 르포를 별도의 책으로 출판할 예정이라 자세한 설명은 생략하겠지만, 철저한 우파인 도쿄도의회의 고가가 '아베도 그렇게 깊지는 않다'고 말한 사실은 충분히 이해할 만하다.

아베가 정계 우파의 순수한 혈통으로서 주목받으며 단숨에 정계 계단을 뛰어 올라가는 과정에서, '종교심'을 배경으로 하는 진정한 우파가 아베에게 접근하여 '브레인'이나 '형님'으로서 주위를 단단히 굳혀갔다. 과거 생학련 활동가였던 참의원 에토 세이치, 일본정책연구센터 대표 이토 데쓰오 등이 그 대표적인 인물이다.

이런 관점에서 보면 일본회의가 '아베 정권을 좌지우지한다'는 외신의 분석은 완전히 잘못된 것도 아니다. 덧붙여 말하자면 '아베 정권적인 것'이나 '일본회의적인 것'을 허용하게 된 일본 사회의 변질도 다루지 않으면 안 될 것이다.

반대 주장의 소멸

돌이켜보면 일본회의는 최근에 갑자기 생겨난 괴물 조직이 아니다. 그 원류를 거슬러 올라가면 다니구치 마사하루가 창시한 생장의 집과 1960년대 전공투 운동에 대항하는 학생조직으로 결성된 생학련, 생장의 집 학생회전국총연합에 이른다. 생학련 등에 모인 활동가들이, 그 운동방식과 수법을 서서히 발전·진화시켜 신사본청과 다른 신흥종교단체의 지원을 받으며 운동조직을 거대하게 키워왔다는 것은 분명하다. 하지만 단적으로 말해 반세기 전부터 같은 운동을 집요하게 반복해온 것에 지나지 않는다고도 말할 수 있다.

그러나 '종교심'을 배경으로 하는 활동가들은, 포기 없이 운동을 지속하고 작은 차이를 묵인하면서 대동단결하는 형태로 일본회의를 설립하는 데 성공했다. 이로써 전후 70년이 지나 아베 신조가 이끄는 정권이 등장하자 오랜 비원을 실현하고자 저돌적으로 앞으로 나아가고 있다.

이에 대해 2장에서 소개한 전 생학련의 이토 구니노리가 인터뷰에서 한 말이 다시금 떠오른다. 앞서 일문일답에서는 소개하지 않았지만 지금 생각해보니 매우 중요한 증언으로 여겨진다.

"우리는 그저 같은 일을 반복해온 것뿐입니다. 오히려 전공투 운동이 사라진 것 아닙니까? 옛날 (운동을) 하던 사람들이, 왼쪽에서 하던 사람들의 소리가 완전히 작아졌습니다. 물론 지금도 열심히 하는 사람은 있지만, 나는 그런 사람에게 공감합니다. 그래서 어느 쪽이 좋다 나쁘다를 따지지 않습니다. 우리는 우리가 하고 싶은 일을 50년 동안 줄곧 해왔어요. 하지만 오른쪽 주장에 대한 반대 주장은 어느새 사라져버렸어요. 단지 그뿐입니다."

마찬가지로 2장에서 소개한 전 일학동 위원장인 디마가와 히로키도 사실 비슷한 말을 했다.

"우리가 학생일 때는 '자주방위'나 '핵무장' 같은 말을 하면 곧바로 '파시스트'나 '군국주의자'라면서 혹독한 비판을 받았습니다. 그런데 지금은 어떻습니까? 텔레비전에서나 인터넷 또는 서점에 가면 그러한 주장을 당당히 펼친 잡지가 산더미처럼 쌓여 있어요. 한편 과거의 《아사히 저널朝日ジャーナル》 같은 책은 별로 없습니다. 40년, 50년 전과는 매우 큰 차이입니다. 그것이 좋고 나쁨을 떠나서요."

우파의 기세가 살아났다기보다는 좌파가 사라졌을 뿐이다. 이 또한 진실의 일면일 것이다. 비슷한 주장을 하며 비슷한 운동을 반복해온 것뿐인 우파세력에 대한 반대 주장의 소멸. 그 배후를 해석해보면 냉전체제의 붕괴와 사회당 및 노조의 쇠퇴가 있다. 이에 반비례하듯 우파나 우파적인 언행은 점차 기세를 더해왔다.

또한 이웃 나라인 중국과 한국은 큰 경제성장을 이뤘는데, 특히 중국의 비약적인 경제발전이 일본의 국제적 지위를 상대적으로 낮게 떨어뜨려 일본 내의 상실감과 불안감을 증폭시켰다. 게다가 일본 국내에는 격차와 빈곤이 확대되고 경제성장이 주춤하면서 장래에 대한 막연한 불안과 초조감을 일으키고 있다.

이런 현상은 배타적인 주장과 불관용의 풍조를 강하게 하는 토양이 되었다. 정치가나 문화인, 학자, 언론인 중에도 배타와 불관용을 선동하는 인물들이 빗자루로 쓸어버릴 정도로 많다. 외국인이나 사회적 소수자에게 공공연하게 차별적 언사를 쏟아내는 어리석은 인사가 다수파가 되었다고는 전혀 생각하지 않지만, 일본은 타국보다 우수한 '특별한 나라'라는 듯한 분위기를 풍기는 언론기사, 뉴스, 텔레비전 프로그램, 서적 등은 일일이 열거할 수 없을 정도다. 이런 것들이 '아름다운 나라'를 칭찬하는 아베 정권과 일본회의의 주장에 대한 희미한 공감을 확대하고 있다.

그렇다면 문제는 아베 정권이나 일본회의에 그치지 않는다. 이른바 일본 사회 전체가 병에 걸렸으며, 일본회의는 그 심각한 상황을 상징하는 존재에 불과하다고도 말할 수 있다.

일본회의의 정체란

마지막으로 이런 생각을 다시 한 번 정리하기 위해 종교학의 권위자인 도쿄 대학 명예교수 시마조노 스스무島薗進를 찾았는데, 현재 재직 중인 조치 대학의 연구실에서 시마조노는 상황을 상당히 깔끔하게 정리해주었다.

― 일본회의 현상을 어떻게 보십니까?

"과거에는 '위험한 세력'으로 인식되던 사람들이 지금은 훌륭한 사람들로 보입니다. 놀랄 일이지요."

― 그 배후와 원류에는 종교단체가 존재합니다. 예를 들면 생장의 집 창시자인 다니구치 마사하루를 신봉하는 사람들입니다.

"신흥종교 지도자들은 일반인에게 마음의 평화를 주기는 해도 정치나 사상 면에서는 그리 강하지 않았습니다. 그런데 다니구치 마사하루는 꽤 지적인 인물로, 정치사상에도 박식했습니다. 이런 이유로 신자 중에 공부를 좋아하는 이들이 많았던 것입니다만, 세상의 개조에도 관심이 많아서 전쟁 전에는 천황 중심주의와 깊이 이어졌고, 전후에도 비슷한 태도를 고수했습니다. 학자나 문화인 중에도 유사한 국체론적인 개념을 지닌 사람은 이전부터 어느 정도 존재했습니다. 마유즈미 도시로나 무라마쓰 다케시 등이 대표적인 인물입니다만, 실업가 중에도 그런 사람들이 있지요. 그리고 종교단체가 결집점을 만들면 모두 그 안으로 흡수되어갑니다."

― 그것이 일본회의군요.

"예, 일본회의는 꽤 특수한 세력입니다. 신사본청을 포함해서 상당히 특수하고 제국주의적인 사상을 지닌 사람들의 모임입니다."

― 그 운동이 강대해지는 것처럼 보이는데 어떻게 생각합니까?

"전쟁 전에도 그랬습니다만, 정체기에서 불안감을 느끼는 사람들은 자신들의 정체성을 지지해주는 종교와 내셔널리즘에 과도하게 의지하게 됩니다. 전쟁 전에는 국체론이나 천황숭배, 황도皇道

같은 것에 집약되었지요."

– 그리고 지금 다시 한 번, 정체기에 일본회의와 그 주장에 대한 공감이 확대되고 있습니다. 위험하다고 생각합니까?

"예, 매우 위험하다고 생각합니다. 신도지령을 부정하고, 정교분리도 짓밟고 있어서 이는 전쟁 전으로의 회귀로밖에 받아들일 수 없습니다."

일본회의와 그 핵심, 주변에 있는 '종교심'에 의해 움직이는 종교우파의 정치사상은 확실히 그러한 위험성을 내재한다. 자민족 중심주의, 천황 중심주의, 국민주권의 부정, 지나치기까지 한 국가 중시와 인권의 경시, 정교분리의 부정. 신사는 종교가 아니라는 이나다의 논리도 '국가의 세사'로 여겨지던 전쟁 전 국가신도의 논리와 매우 흡사하다.

이 모든 것을 고려했을 때, 과연 일본회의의 정체는 무엇인가?

나 나름의 결론을 한마디로 말하자면, 전후 일본 민주주의 체제를 사멸의 길로 몰아넣을 수도 있는 악성 바이러스와 같은 것으로 생각한다. 악성이기는 해도 소수의 바이러스가 몸 한쪽 끝에서 꿈틀거리는 정도라면, 조금 아프더라도 다양성의 원칙 아래 허용할 수도 있을 것이다. 하지만 그 수가 증가하여 몸 전체로 퍼져나가기 시작하면 중대한 질병을 일으켜 죽음에 이르게 한다.

게다가 현재는 일본 사회 전체에 아종 바이러스와 유사 바이러스, 혹은 저질 바이러스가 확산·만연하여 마침내 뇌골수, 즉 정권에까지 악성 바이러스가 파고들었다. 이대로 간다면 근대민주주의 원칙조차 무너질 수 있다. 경고의 종을 울려야 마땅한 언론마저 심각할 정도로 둔감하다. 예를 들어 2016년 5월 G7 정상회담이 이세시마伊勢志摩에서 개최되어 아베가 각국 수뇌를 이세 신궁에 초대했을 때 이를 비판하는 보도가 하나도 없었다. 신사본청이 본종으로 우러르는 이세 신궁에 스포트라이트가 비친 것은 일본회의와 신사본청이 염원해 마지않던 사건이었음에도 말이다.

다만, 한편 이런 식으로 보는 사람도 있다. 전후 일본의 우파를 줄곧 지켜보며 일부 운동에 직접 참여하기도 한《월간 일본月刊日本》의 주간인 미나미오카 기하치로南丘喜八郎. 생장의 집 출신 활동가들이나 일본회의의 핵심 활동가들 또는 자민당 내의 역대 우파 정치가들과 폭넓게 교제한 미나미오카는 현재 일본회의의 상황을 다음처럼 분석한다.

"헌법을 둘러싼 주장만 해도 일본회의의 내부와 주변에는 '메이지 헌법의 복원'부터 '자주헌법의 제정', 그리고 '현행 헌법의 개정'까지 다양한 입장이 있습니다. 한편 지난해(2015년)에 안보 관련 법제를 해석개헌(헌법해석을 변경하여 집단자위권 행사를 가능하도록 하는 것—옮긴이)으로 추진하자 그 영향으로 헌법개정을 지지하는 여론은 오히려 줄어들어 현실적으로 헌법개정은 매우 어려운 상황입니다. 지금은 간신히 억누르고 있지만, 개헌이 잘 안 되면 내부 대립이 표면화하여 조직이 와해할 가능성은 충분히 있다고 생각합니다."

미나미오카의 분석이 정확한지 어떤지는 나로서는 판단할 수 없다. 다만 당분간 일본회의와 아베 정권이 총력을 기울이는 헌법개정의 성공 여부가 모든 열쇠를 쥔 것은 분명하다. 그것은 또한 전후 민주주의 아니, 근대민주주의 근본원칙 자체를 지킬 수 있는지의 여부를 판가름하는 최후의 보루를 둘러싼 경쟁이기도 하다.

후기 /

       일본회의를 취재하는 동안 절실히 통감한 것이 있다. 조직 주변에 감도는 비밀주의와 비판적인 시선과 견해에 대한 지나친 경계감과 적대의식이다.

  여기까지 읽었다면 명확히 알 수 있겠지만, 나는 기본적으로 일본히이의 주장을 좋지 않게 생각한다. 몇 가지 예로 든 정책이나 운동의 방향성, 정치사상, 그리고 아베 정권과 지나치게 밀접한 관계 모두 비판적인 관점에서 논평의 대상으로 보고 이 책의 취재와 집필에 임해왔다.

  하지만 한편으로는 저널리스트나 논픽션 작가로 불리는 생업에 종사하는 이상, 가능한 한 많은 당사자의 이야기를 직접 듣고 그 이야기에 진지하게 귀를 기울이며, 때로는 비판적인 논평을 가할 필요가 있더라도 당사자들의 주장을 정확히 소개하려고 노력했다. 이는 언론과 저널리즘에 종사하는 이들이 지켜야 할 지극히 당연한 행위이자 책무이기도 하다.

  그래서 일본회의 취재에 임하여 가능한 한 모든 관련 당사자에게 취재를 신청했다. 예를 들어 조직운영의 핵심인 사무총장 가바시마 유조 씨에게는 일본회의 홍보담당자를 통해 몇 번이나 인터뷰를 의뢰했다. 그 밖에 일본회의 임원과 관계자, 일본회의 국회의원간담회 위원들에게도 다수 취재를 신청했다.

238

하지만 본문 중에 일부 언급한 것처럼 사람들 대부분이 취재를 거절했다. 만나서 이야기하는 것조차 이뤄지지 않았다. 그뿐만 아니라 일본회의 사무국에서는 아무래도 관계자에게 '아오키의 취재에 응하지 말라'는 지시까지 내린 듯했다. 실제로 한 인물의 경우 처음에는 취재에 응한다는 회신을 받았는데, 나중에 '일본회의로부터 취재에 응하지 말라는 지시를 받았다'며 거절한 사례도 있었다.

취재하는 동안 지금도 잊을 수 없는 기억이 있다. 아무리 취재를 신청해도 응해주지 않기에 기자로서 열의에 불타던 나는 2016년 2월 11일 건국기념일에 메이지 신궁 회관에서 열린 '봉축행사' 때, 일본회의가 협찬했으니 가바시마 씨도 참가했을 것으로 짐작하고 이 책의 편집자와 함께 일단 회장을 방문했다.

아니나 다를까 가바시마 씨는 객석에 앉아 있었다. 무례한 행동임을 알면서도 가능한 한 예의를 다하여 나와 담당 편집자는 기념식 휴식시간에 가바시마 씨에게 말을 걸었다.

"바쁘신 줄은 압니다만, 부디 인터뷰에 꼭 응해주시기 바랍니다."

그렇게 말하며 우리는 명함을 내밀었다.

가바시마 씨는 조금 놀란 표정이었지만 우리의 명함을 받아들었다. 그의 태도는 절대 고압적이지 않았으며 오히려 부드러운 언행으로 우리에게 등을 돌리지도 않았다. 다만, 아무 말도 하지 않았다.

"홍보담당자를 통해 정식으로 인터뷰를 의뢰하겠습니다. 부디 검토해주시기 바랍니다."

그렇게 여러 번 고개 숙여 부탁했지만 가바시마 씨는 끝내 입을 열지 않았다. 허락의 말도, 거부의 말도, 인사말조차 전혀 건네지 않았다. 단 한마디도. 우리와 인사를 주고받는 것조차 거부하겠다는 강고한 의사를 그렇게 표현하는 것 같았다.

물론 우리의 취재에 응할 의무 따위는 누구에게도 없다. 언론이나 저널리스트의 취재에 강제력은 없다. 필사적으로 부탁하고 때로는 설득하는 등 다양한 방법으로 당사자에 대한 취재 가능성을 모색하지만, 거절하면 어쩔 수 없는 일이다. 그런 경험은 내게도 얼마든지 있다.

그러므로 큰 원한도 없고 분노도 없지만, 일본회의는 공공연하게 활동하는 정치운동 단체로서 이만큼 정권과 여당과 가깝고 서로 연계하면서 정치운동을 전개하는 이상, 한없이 공적인 색채를 띠는 존재라고 할 수 있다. 그렇다면 비판도 받을 각오로 가능한 한 다양한 취재에 응하는 것이 일종의 책무가 아닐까? 그런데 일체의 취재를 거절하고, 사무총장이라는 직무에 있는 자가 인사말조차 건네지 않으려는 태도는 취재 경험상 상당히 이상한 일이다. 내 느낌에는 이 또한 일본회의라는 조직의 특징을 상징한다는 점을 밝혀두고 싶다.

그러한 가운데 몇몇 인물은 장시간의 취재와 인터뷰에 응해주었다. 본문 중에서 소개한 것은 그런 분들의 증언 일부다. 각각의 발언 내용에는 찬성하기 어려운 부분도 많았지만 당연히 그들의 발언은 정확히 인용했고, 더욱 엄밀히 하기 위해 대부분 일문일답 형식으로 소개했다. 견해차는 많지만 성실하게 인터뷰에 응해주신 분들께 다시 한 번 진심으로 경의와 사의를 표하고 싶다. 아울러 그들, 그녀들이 그와 같이 발언하고 주장을 펼칠 자유는 당연히 지켜져야 한다고 새삼 다짐하는 바다.

그 밖에도 이 책의 취재과정에서 다양한 분에게 귀중한 조언과 정보를 얻었다. 익명을 희망한 분도 있으므로 여기서 이름을 밝히지는 않겠지만 모든 분께 진심으로 감사드린다.

또한 이 책의 기획, 취재, 자료수집 등에 임하여 헤본샤의 편집자인 가나자와 노리유키金澤智之 씨에게 큰 도움을 받았다. 가나자와 씨의 조력과 질타, 격려가 없었다면 이 책은 절대 세상에 나오지 못했을 것이다. 그런데도 내 느린 붓끝 탓에 원고의 완성이 크게 늦어져 발매예정일까지 바뀌게 만드는 부담을 주게 되었다. 이

점은 독자 여러분께도 진심으로 사과하며, 아울러 인내심과 정중함으로 마지막까지 도와준 가나자와 씨에게 다시 한 번 감사드리고 싶다.

마침내 완성된 이 책이 일본회의라는 우파조직의 '성체'를 알게 하는 동시에, 현 일본의 정치와 사회 상황의 문제점을 파악하는 데도 일조하기를 진심으로 바란다.

또한 마지막으로 본문에서는 기본적으로 경칭, 호칭 등을 모두 생략했다. 또한 본문 중에 직접 인용한 문헌류에 더하여 별도 페이지에 게재한 서적, 신문기사, 잡지기사 등을 다양한 형태로 참고했다. 이에 대해서도 감사드린다.

2016년 6월 9일 도쿄 도의 직장에서

아오키 오사무

서적

아오키 사토시青木 慧《개헌군단: 조직과 인맥改憲軍団—組織と人脈》초분샤汐文
社, 1983

이토 데쓰오伊藤哲夫《헌법 이렇게 논하라: 국가의 형태 헌법의 사상憲法かく論
ずべし—国のかたち 憲法の思想》일본정책연구센터, 2000

이토 데쓰오《헌법은 이렇게 만들어졌다: 이것이 제헌사의 진실이다憲法はかく
して作られた—これが制憲史の真実だ》일본정책연구센터, 2007

이토 데쓰오《교육칙어의 진실教育勅語の真実》치지출판사致知出版社, 2011

이토 데쓰오《일본 국가의 '형태'를 생각하다日本国家の「かたち」を考える》일본
정책연구센터, 2012

이토 데쓰오《메이지 헌법의 진실明治憲法の真実》치지출판사, 2013.

우오즈미 아키라魚住昭《증언 무라카미 마사쿠니: 나, 국가에 배신당하더라도証
言 村上正邦 我、国に裏切られようとも》고단샤, 2007

오노 다이키小野泰溥《다니구치 마사하루와 그 시대谷口雅春とその時代》도쿄도
출판, 1995

가나가와 신문神奈川新聞 '시대의 정체' 취재반 편집《시대의 정체: 권력은 이렇
게도 폭주한다時代の正体—権力はかくも暴走する》현대사조신사, 2015

가바시마 유조《미·소의 아시아 전략과 대동아전쟁米ソのアジア戦略と大東亜戦
争》메이세이샤, 2007

시마조노 스스무島薗進《국가신도와 일본인国家神道と日本人》이와나미신쇼,
2010

시마조노 스스무《국가신도와 전전·전후의 일본인: 무종교가 되기 전과 후国家神道と戦前·戦後の日本人 無宗教になる前と後》가와이문화교육연구소河合文化教育研究所, 2014

스즈키 구니오《신우익 최종장: 민족파의 역사와 현재 [신개정증보판]新右翼 最終章〔新改訂増補版〕: 民族派の歴史と現在》사이류샤彩流社, 2015

생장이 집 본부 편집《생장의 집 50년사生長の家五十年史》일본교문사日本教文社, 1980

소에지마 히로유키副島廣之《내가 걸어온 쇼와사私の歩んだ昭和史》메이지 신궁 숭경회明治神宮崇敬会, 1989

다니구치 마사하루《한없이 일본을 사랑하다限りなく日本を愛す[개정판]》일본교문사, 1965

다니구치 마사하루《점령헌법 하의 일본占領憲法下の日本》일본교문사, 1969

다니구치 마사하루《생명의 실상》(전40권), 일본교문사, 1963

다니구치 마사하루《속 점령헌법 하의 일본続占領憲法下の日本》일본교문사, 1970

나카니시 데루마사中西輝政 감수, 영국교육조사단 편집《대처 개혁에서 배우는 교육 정상화의 길: 영국교육조사보고サッチャー改革に学ぶ教育正常化の道－英国教育調査報告》PHP연구소, 2005

나카니시 데루마사, 일본회의 편저,《일본인으로서 알아두어야 할 황실의 일日本人として知っておきたい皇室のこと》PHP연구소, 2008

나카니시 데루마사, 가바시마 유조,《일본 부흥!: 황실을 지키고, 센카쿠·오키나와를 방위하여 중국의 위협에 어떻게 맞설 것인가? 日本再興へ！－皇室を守り、尖閣·沖縄を防衛し、中国の脅威に如何に立ち向かうか》메이세이샤, 2012

244

일본회의 신헌법연구회 편《신헌법의 권장: 일본 재생을 위해新憲法のすすめ―日本再生のために》메이세이샤, 2001

호리 유키오堀幸雄《증보 전후의 우익세력増補 戦後の右翼勢力》쇼쇼보草書房, 1993

호리 유키오《최신 우익사전最新 右翼辞典》가시와쇼보柏書房, 2006

마쓰우라 요시코松浦芳子《자결로부터 40년, 지금 되살아나는 미시마 유키오自決より四十年今よみがえる三島由紀夫》다카기쇼보高木書房, 2010

무라카미 시게요시村上重良《국가신도国家神道》이와나미신쇼, 1970

케네스 루오프《국민의 천황: 전후 일본의 민주주의와 천황제国民の大皇―戦後日本の民主主義と天皇制》다카하시 히로시高橋 紘 감수, 기무라 다케히사木村剛久·후쿠시마 무쓰오福島睦男, 교도통신사, 2003

야마다이라 시게키山平重樹《끝나지 않는 꿈: 도큐먼트 신우익》21세기서원, 1989

잡지 기사·학술 논문

────

이시이 기요시石井清司〈생장의 집: 우익집표 머신화한 잡종종교〉《현대의 눈現代の眼》1979년 11월호

이토 다쓰미伊藤達美〈논픽션 일본의 종교와 정치①~⑥〉《재계전망財界展望》1988년 11월~1989년 4월호

이누즈카 히로히데犬塚博英〈우리의 체험적 유신 운동사〉《전통과 혁신伝統と革新》제1호~

이노 겐지猪野健治 〈신도계 중소교단의 '신민족파' 선언〉《현대의 눈》1979년
　11월호

오야 소이치大宅壯一 〈다니구치 마사하루론: 쇼와 괴물전〉《문예춘추文芸春秋》
　1955년 6월호

기리시마 슌桐島 瞬 〈아베 정권을 지배하는 일본회의의 정체〉《AERA》2015년
　8월 31일가 호

구로하 후미아키黒羽文明 〈검증, 이색집단을 파헤치다 ④불소호념회〉《정계政
　界》1997년 2월호

구로하 후미아키 〈검증, 이색집단을 파헤치다 ⑥종교법인 '생장의 집'〉《정계》
　1997년 7월호

신종교연구회 동인 〈교조열전 생장의 집(다니구치 마사하루)〉《중앙공론中央
　公論》1954년 10월호

다나카 겐스케田中健介 〈2세 시대의 신종교를 파헤치다, 생장의 집(상·하)〉《주
　간 실화週刊実話》2005년 1월 20일·27일자 호

다나카 겐스케 〈'후계자 문제'와 신세대 '교주'의 중대과제〉《주간 실화》2006
　년 1월 12·19일자 합병호

다니구치 마사노부谷口雅宣 〈네트워크 ①~〉《이상세계理想世界》1991년 5월
　~1992년 8월호

다와라 요시후미俵義文 〈아베 정권을 지지하는 일본회의의 성립과 동향, 여성
　전략〉《월간 여성&운동月刊女性&運動》2015년 5월호

다와라 요시후미 〈지방에서의 일본회의의 책동〉《전위前衛》2015년 3월호

자모토 시게마사茶本繁正 〈컬트 시대의 어두운 예감〉《현대의 눈》1979년 11월
　호

데라다 요시로寺田喜朗 〈신흥종교와 자민족 중심주의: 생장의 집의 일본 중심
주의의 변천을 둘러싸고〉《동양학 연구東洋学研究》45호(2008년 3월)

도가와 이사무戸川猪佐武 〈신흥종교의 내막 ④ 생장의 집: 잡다한 종교백화점〉
《보석宝石》1976년 5월호

하야시 마사유키林雅行 〈풀뿌리 운동 지향하는 '개헌군단' 일본을 지키는 국민
회의의 야망〉《창創》1987년 6월호

하야시 마사유키 〈'자유주의 사관' 등장의 배경과 그 계보〉《창》1997년 3월호

히구마 다케노리日隈威徳 〈생장의 집의 '교의'와 운동: 부활하는 '전범 종교'의
본모습〉《전위》1983년 6월호

미조구치 아쓰시溝口敦 〈이사장 퇴임극으로 격진! '생장의 집' 내분은 참의원
선거에 중대한 영향을 미친다〉《주간 포스트週刊ポスト》1982년 09월 17일
호

야마다 나오키山田直樹 〈종교와 돈 '생장의 집' ①~②〉《주간 실화》2011년 1
월 20·27일자 호

〈개헌의 삼단뛰기: 뜻밖에 미일 코러스가 된 국민운동의 타이밍〉《FOCUS》
1981년 11월 6일호

〈현대 종교인에게 묻는다 ⑦ 생장의 집 부총재 다니구치 세초〉《중앙공론》
1983년 8월호

〈교만한 자민당과의 관계를 단절한 '생장의 집'의 속내〉《주간 산케이週間サンケ
イ》1983년 8월 25일자 호

〈'중공 침공'에 저항하여 규슈에 쌓아 올린 다니구치 마사하루의 요새〉《주간
문춘週刊文春》1985년 7월 4일자 호

〈'빛'이 지다! 생장의 집 창설자 다니구치 마사하루 씨의 일대기〉《주간 현대週

刊現代》1985년 7월 6일자 호

〈일본을 지키는 국민회의가 표명한 개헌 운동의 내용〉《창》1987년 5월호

〈갑자기 '220만 명'이 사라진 미스터리 '생장의 집' 신자가 1년에 '300만'→
    '80만'으로〉《FRIDAY》1988년 5월 20일호

〈교조 이래의 '성전론'을 부정한 '생장의 집' 부총재의 진의〉《선데이 마이니치
    サンデ 毎口》1992년 8월 16·23일호

〈생장의 집의 전 본부 강사가 말하는 이것이 '생장의 집'의 진상인가! ①~③〉
    《젠보ゼンボウ》1992년 9~11월호

〈나를 바꾼 그 말⑬ 와다 가즈오和田一夫 '꿈은 반드시 실현된다'〉《닛케이벤처
    日経ベンチャー》1996년 6월호

〈거대 종교단체 '생장의 집' 골육의 다툼〉《주간 현대》2005년 2월 5일자 호

〈일본회의: 아베의 알려지지 않은 기반〉《선택》2006년 10월호

〈아베 총리가 인연을 맺은 '진심의 국가주의 인맥' 철저 연구〉《주간 포스트》
    2006년 11월 10일자 호

〈특집 종교와 돈〉《주간 다이아몬드週刊ダイヤモンド》2010년 11월 13일호

〈특집 불교·신도 대해부〉《주간 다이아몬드》2011년 7월 2일자 호

〈'생장의 집'이 야마나시 현의 숲속으로 본부를 이전 '출 도쿄' 3대의 결단〉
    《AERA》2011년 8월 8일자 호

〈'일본의 종교' 돈과 파워 대해부〉《SAPIO》2013년 3월호

〈아베 정권을 완전 지배하는 '일본회의'의 정체〉《FRIDAY》2014년 8월 22·29
    일자 호

〈아베 내각을 좌지우지하는 '일본회의'란 무엇인가?〉《주간 플레이보이週間プレ
    ーボーイ》2015년 7월 20일자 호

248

〈제3차 아베 개조 정권을 지지하는 종교〉《주간 아사히週刊朝日》2015년 10월
　　23일자 호
〈특집 신사의 미궁〉《주간 다이아몬드》2016년 4월 16일자 호

* 그 밖에《아사히 신문》《마이니치 신문》《요미우리 신문》《도쿄 신문》《일본
경제신문》《산케이 신문》《가나가와 신문》《신문 아카하타しんぶん赤旗》등 각
지의 관련 기사를 참조하고 일부를 인용했다. 또한 일본회의 기관지《일본인의
숨결》, 일본협의회·일본청년협의회 기관지《조국과 청년》, 행사 등에서 배포한
팸플릿 등을 참조하고 일부를 인용했다.

연도	사항
1964	8월 28일 생장의 집 정치연맹(생정련) 결성
1966	5월 1일 생장의 집 학생회전국총연합(생학련) 결성
	10월 25일 나가사키 대학에서 생학련이 교양부 자치회를 장악
	11월 14일 와세다 대학을 중심으로 일본학생동맹(일학동) 결성
1967	7월 5일 나가사키 대학 학생협의회 결성
	11월 25일 총선거에서 자민당 지원을 둘러싸고 일학동이 분열. 자민당계 반주류파는 나중에 소멸
1968	1월 생학련, 일학동이 연계하여 원자력 항공모함 엔터프라이즈호의 사세보 입항 찬성 통일 행동
	3월 19일 규슈 학생자치체연락협의회(규슈 학협, 안도 이와오 위원장) 결성. 같은 해에 전국 9 블록에 지역학협을 차례로 결성
	5월 12일 일학동, 생학련 등이 참가하여 전국학생단체협의회(전학협)를 결성
	10월 5일 작가 미시마 유키오가 민간방위조직 '방패회'를 결성
	12월 1일 간토 학협·도학협 합동결성대회에 일학동이 난입. 생학련과 일학동의 대립이 심화
1969	5월 4일 전국학생자치체연락협의회(전국학협, 스즈키 구니오 위원장) 결성
	6월 28일~29일 전국학협 임원회에서 스즈키 구니오 위원장과 안도 이와오 서기장이 의견대립. 스즈키 위원장, 요시무라 가즈히로吉村和裕 부위원장(간사이 대학) 사임
	11월 8일 신도정치연맹 결성
1970	5월 4일 전국학협의 민족파 전학련 결성이 연기
	7월 전국학협, 생학련에서 탈퇴, 독립노선으로
	11월 3일 전국학협 OB가 일본청년협의회를 결성
	11월 25일 도쿄·이시가야의 육상자위대 주둔지에서 미시마 사건 발생

1971 ── 2월 28일 방패회 해산

1972 ── 5월 25일 잇스이카이(스즈키 구니오 대표) 결성

7월 전국학생자치체연락협의회가 전국학생협의회연락(전국학협)으로 개칭

1973 ── 9월 전국학협이 일본청년협의회와 결별

11월 일본청년협의회, '학협운동의 정통계승 단체'를 주장

1974 ── 3월 1일 반헌법학생위원회 전국연합(반헌학련, 미야자키 마사하루 의장. 상부 단체
는 일본청년협의회) 결성

4월 2일 **일본을 지키는 모임 결성**

1975 ── 11월 '쇼와 50년을 축하하는 국민 모임' 개최

1976 ── 6월 22일 야스쿠니 신사 국가보호관철국민협의회가 '영령을 모시는 모임'으로 개칭

11월 10일 천황 폐하 재위 50년 봉축 중앙 퍼레이드를 개최(야마오카 소하치山岡
荘八 봉축위원회 회장)

1977 ── 9월 원호법제화를 요구하는 지방의회 결의 운동 시작

12월 일본청년협의회가 원호법제화 요구 전국 종단 캐러밴

1978 ── 7월 18일 원호법제화 실현 국민회의(이시다 가즈토石田和外 의장) 결성

10월 3일 원호법제화 실현 총궐기 국민대회 개최

1979 ── 6월 6일 원호법 제정

1980 ── 8월 원호법제화 운동 이후의 '국민운동'을 호소, 전국 종단 캐러밴을 실시

1981 ── 10월 27일 **일본을 지키는 국민회의 결성**(가토 슌이치 의장, 마유즈미 도시로 운영
위원장)

1982 ── 7월 영토·영해의 방위규정을 포함한 자위대법 개정 운동 개시

11월 헌법개정 초안 작성을 위한 정책위원회(시미즈 이쿠다로 위원장) 발족

1983 ── 8월 15일 생장의 집 정치연합, 활동정지 선언

1984 ── 3월 역사교과서 편찬위원회(무라오 지로 대표) 발족

1985 ── 5월 쇼와 천황 재위 60년 봉축위원회 결성

8월 역사교과서편찬위원회, 고교 일본사 교과서를 문부성에 검정 신청

10월 헌법개정의 운동방침을 삭제한 자민당에 입당 정신 복귀를 요구하는 요청서 제출

11월 13일 쇼와 천황 재위 60년 봉축운동 모임을 개최

1986 —— 7월 고교 교과서 《신편 일본사》 검정 합격

1987 —— 8월 15일 야스쿠니 신사에서 전몰자 추모 중앙국민집회를 개시(이후 매년 개최)

1988 —— 9월 천황 폐하 쾌유기원 운동을 전개

1989 —— 11월 대관제의 국가의식을 요구하는 600만 서명 제출

10월 천황 즉위 봉축 중앙 식전.

1992 —— 5월 18일 미야자키 기이치 총리에게 '천황 방중 반대' 요청서를 제출

1993 —— 5월 3일 '신헌법의 대강'을 발표

1994 —— 4월 '종전 50주년 국민위원회'(가토 슌이치 회장) 결성, 국회의 전쟁사죄결의 반대 서명을 개시

1995 —— 3월 종전 50주년 국회 사죄결의에 반대하는 506만 서명 제출

6월 '신헌법연구회'(오다무라 시로 대표) 결성

12월 '가족의 관계를 지키고 부부 별성에 반대하는 국민위원회'(와타나베 쇼이치渡部柳一 대표)를 설립하고, 부부별성제도 반대 운동을 전개

1996 —— 5월 하시모토 겐타로 총리에게 부부별성 반대와 야스쿠니 신사 참배를 요청

12월 부부별성 반대 결의 281 의회, 동 국민 서명 100만 돌파

1997 —— 3월 일본을 지키는 모임, 일본을 지키는 국민회의의 양 임원회에서 두 단체의 발전적 통합을 결의

5월 29일 일본회의 국회의원간담회 설립

5월 30일 **일본회의 결성**

1998 —— 4월 도덕교육의 추진, 국기국가법 제정 운동을 추진

11월 천황 폐하 즉위 10년 봉축운동(~2000년)

1999 —— 8월 13일 국기국가법 성립

2001 —— 9월 30일 일본 여성의 회 결성

11월 3일 '21세기의 일본과 헌법' 유식자간담회(민간헌법 임시조사회, 미우라 슈몬 대표) 설립

2002 —— 3월 부부별성에 반대하는 국회의원 서명이 117명, 국민청원 서명이 170만에 달함

6월 11일 국립추모시설에 반대하는 국민집회

2003 —— 1월 26일 '일본의 교육개혁' 유식자간담회(민간교육 임시조사회, 니시자와 준이치 회장) 설립

8월 교육기본법 개정을 호소하는 전국 종단 캐러밴

2004 —— 1월 고이즈미 내각이 국립추모시설 건설을 단념

4월 12일 일본회의 경제인동지회 설립

11월 교육기본법 개정을 요구하는 국민 서명 350만 명 돌파, 교육기본법 개정을 요구하는 중앙국민대회를 개최

2005 —— 3월 6일 일본회의 수도권 지방의원간담회 설립

7월 종전 60년을 맞아 야스쿠니 신사 20만 참배운동을 제창

8월 15일 일본회의 등의 주최로 '종전 60년 국민 모임' 개최

2006 —— 3월 7일 '황실의 전통을 지키는 1만 명 대회' 개최, '황실의 전통을 지키는 국민 모임' 설립

6월 교육기본법 개정을 요구하는 국민 서명 362만 명

10월 17일 '황실의 전통을 지키는 국회의원 모임'(시마무라 요시노부 회장) 설립

11월 13일 아베 신조 총리에 교육기본법 수정을 요청

12월 15일 교육기본법이 전면 개정

2007 —— 5월 14일 국민투표 법안이 성립

7월 29일 제21회 참의원 선거에서 일본회의 중앙본부가 추천한 아리무라 하루코, 에토 세이치 씨가 당선

10월 6일 일본회의·일본회의 국회의원간담회 설립 10주년 기념대회 개최, 일본회의 지방의원연맹 설립

2008 ── 천황 폐하 즉위 20년 봉축운동(~2009년)

2010 ── 부부별성·외국인 참정권 법안 반대 운동

2011 ── 영토·영해를 지키는 운동을 전국적으로 전개

2012 ── '여성 관가' 창설 움직임에 대해 황실의 전통을 지키는 국민운동을 진개

2013 ── 11월 13일 일본회의 전국대표자대회. 헌법개정 실현을 위해 본격적인 국민운동 개시, 국회의원 서명, 지방의회 결의 추진을 제창

2014 ── 10월 1일 '아름다운 일본의 헌법을 만드는 국민 모임' 설립(공동대표 사쿠라이 요시코, 다쿠보 다다에, 미요시 도루). 헌법개정의 국민투표 실현을 위해 1,000만 찬성자 확대 운동 개시

옮긴이_ 이민연

일본 루데르학원대학을 졸업하고 전문 번역가로 활동하고 있다. 옮긴 책으로《바쁜데도 여유
있는 살림 아이디어 31》《아들러와 프로이트의 대결》《친구가 뭐라고》《셰일가스 혁명》(공역),
《아들러와 프로이트의 대결》 등이 있다.

일본회의의 정체

초판 1쇄 발행일 2017년 8월 4일
초판 5쇄 발행일 2019년 8월 16일

지은이 아오키 오사무
옮긴이 이민연
펴낸이 김현관
펴낸곳 율리시즈

디자인 Song디자인
종이 세종페이퍼
인쇄 및 제본 올인피앤비

주소 서울시 양천구 목동중앙서로7길 16-12 102호
전화 (02) 2655-0166/0167
팩스 (02) 2655-0168
E-mail ulyssesbook@naver.com
ISBN 978-89-98229-49-8 03300

등록 2010년 8월 23일 제2010-000046호